超訳

Nichiren

日蓮のことば

松岡幹夫

柏書房

はじめに――日蓮の魅力

鎌倉仏教の創始者の一人として知られる日蓮は、一二二二年、漁業関係者の息子として房総半島に生まれた。十二歳で仏門に入り、十六歳のときに出家。学問に励み、当時の最高学府である京都の比叡山に遊学するなどして頭角を現す。三十二歳で『法華経《ほけきょう》』を中心とする仏教観を確立し、以後、過酷な迫害を受けながらも教団を形成していった。

一二八二年に没したが、生涯、寺院は持たず、各地を流浪しながら思索を続け、現存するだけで四百余編もの膨大な著作を残している。

日蓮の著作で最も有名なのは『立正安国論《りっしょうあんこくろん》』だろう。相次ぐ天候異変、大地震、飢餓と疫病の蔓延《まんえん》。騒然たる世相にあって、日蓮は、このままでは外国からも侵略される（他国侵逼《たこくしんぴつ》）と予言、正しい仏教を立てれば国家が安穏になる（立正安国）と書に認《したた》め、政治家たちに送った。その書が『立正安国論』である。

日蓮の予言は、やがて中国大陸を制圧した「元《げん》」が日本に迫ることで的中する。だが、ときの政権は、日蓮をかえって危険人物と見なし、死刑寸前で佐渡に島流しに処すなどした。日蓮とは、「立正安国」の理想を本気で訴え、行動に移した社会改革の仏教者ということができる。

日蓮は当時の第一級の仏教学者ということもあり、難解な理論書も数多い。しかし、それが空理空論に終わっていないことは、社会改革への不屈の行動が雄弁に物語っていよう。日蓮は、既成の仏教が瞑想《めいそう》の世界に閉じこもったり、厭世的《えんせいてき》になったりしていたのを批判し、浄土はこの世でなければ意味がないと強く主張した。つまり今を生きる人間のための仏教を説いてやまなかったのである。

だからであろう、現代のわれわれから見た日蓮の最大の魅力は、何といってもその「活力」にある。強烈な使命感、崇高《すうこう》で激しい意志、裸の人間が持つ凄《すご》み、大地のごとき自己確信、あるときは最高権力者を大声で叱咤《しった》し、あるときは子に先立たれた母の涙をわがことのように書き記す。詩心もあれば、天衣無縫なユーモアもある。日蓮のことばは、ともかく読む者に活力を与えるのである。

仏教書を読みたくなる人には、だいたい三つのタイプがあると思う。

一つめは、人生の戦いに疲れ、「癒《いや》し」を求める人たち。たとえば、『スッタニパータ』の「わがものとして執著したものを貪《むさぼ》り求める人々は、憂いと悲しみと怪《ものおし》みとを捨てることがない」などの聖句を読み、世俗の欲を捨てることで心の傷を癒そうとする。ブッダの安らぎの言葉が、欲望の文明に生きる者には、ことのほか身にしみる。

二つめは、順調に生きてきた人に多いのだが、自分が慢心に陥らぬよう、「自省」のために仏教書に親しむ人たち。このタイプの読者には、自力を離れて阿弥陀如来の他力に帰せよ、と唱えた念仏者・親鸞のことばが心に響く。「善人なほもて往生を遂《と》ぐ。いわんや悪人をや」――仏は善人よりも悪人を救いたい。だから、善人が往生できるなら悪人はなおさらである――こうした仏の親心は、人間のつまらない自尊心を打ち砕かずにおかない。

さらに三つめとして、ありきたりな発想を転換したくて仏教の門を叩《たた》く人たちもいる。才気煥発な知性派が「東洋の心は無心になること」とか「考えないということは、考えて分かることではない」とかの鈴木大拙の禅語に触発され、何か新境地を開こうと頭をひねる。アイデア勝負の世の中で、この種の需要は高まるばかりである。

現代人が仏教に求めているのは、このように、およそ「癒し」「自省」「発想転換」の類であろう。「活力」をもらいたくて仏教に近づく例など、あまり聞かない。日蓮の仏教が、浄土教や禅仏教ほど世に取り上げられないのには、こうした事情がある。

日蓮の思想には多くの誤解がつきまとってきた。その最たるものに、他宗派への「折伏《しやくぶく》」が排他的だという評価がある。日蓮は、確かに浄土宗の法然や真言宗の空海の説を激しく批判した。だが、内実は彼らが念仏や真言系以外の仏典を排斥《はいせき》することへの反対に他ならなかった。つまり、折伏とは宗派的な排他性への批判だった。

日蓮も『法華経』以外の教えを排斥したではないか。そういう意見も、むろんある。ただ、彼自身は『法華経』が一切の平等を完全に解明した仏典であると信じていた。だからこそ、『法華経』を尊重する以外に一切の思想・宗教を平等に尊重する道はない、と考えたわけである。日蓮が排他主義者でないのは、「一代聖教（釈迦が説いたすべての教え）は即ち法華経なり」という文言一つとっても明らかだろう。

それから、日蓮には親鸞のような悲哀や道元のような自己発見がない、といった声もあるが、これまた誤解である。先に述べたように、日蓮の魅力は「活力」にある。しかし、その活力は悲哀を突き抜け、偽りの自己を打ち破って獲得されたものだ。

佐渡島に流罪されたとき、日蓮は『開目抄《かいもくしょう》』を著した。そこで自己の罪深さをとことん突きつめ、最後に〝天が見捨ててもわれは立つ〟と宣言する。彼の屹立《きつりつ》した精神は、悲しみの極みに溢《あふ》れでた力であった。それゆえ近代の宮沢賢治のごとく、親鸞のメンタリティーのままに日蓮を敬愛する文学者もでてくる。

自己発見についてもしかりである。道元は「自己をならふといふは、自己をわするるなり」と説くが、日蓮も「自力も定めて自力にあらず」と述べている。二人とも偽りの自己を放棄し、真の自己を発見しようとした。だが、日蓮は道元と違って他者の視点も忘れない。「他力も定めて他力に非ず」であり、自力にも他力にも偏《かたよ》らない中道の立場をとる。自由自在な中道の自己は、万物に広がる宇宙的な力を持つ。そこに、圧倒的な「活力」が生まれたのだった。

日蓮の著作に物足りなさを感ずるとすれば、それは案外、偏りのなさなのかもしれない。中道の思想家らしく、日蓮は性格も思想も多面的である。ひたむきに弥陀《みだ》の救いを信じた親鸞、頑《かたく》なに自己を探求した道元、彼らの不器用なまでの生き様に、複雑怪奇なシステムの海を泳ぐわれわれは心洗われる。

一方、日蓮の関心対象は自己、他者、国家、自然と実に幅広い。また、どの主張も緻密な理論に裏づけられている。未整備ながら、日蓮には哲学体系がある。そのためか、体系を離れた一々のことばの味わいは、さほど知られていない。実際の日蓮は人間味の塊で、一途なところも十分あるのに、それが伝わらないのは残念である。日蓮のことばを現代的に編む本書の出版を考えた理由の一つはここにある。

今の日本を、そして世界を、鎌倉時代の日蓮が直《じか》に見たら、一体何を思い、何を語るだろうか。そんな気持ちで、形式にとらわれずに本書を書いてみた。日蓮の思考を頭にたたき込み、自分のなかで日蓮に語らせようと苦心した。日蓮が賛美した『法華経』や天台大師・智顗《ちぎ》の言葉から生まれた項目もある。なお、日蓮本人の作品については、たとえ文献学的に疑わしいとされる史料でも、わが心の日蓮が認めたものは用いた。自分を助けた信者には釈迦仏が入っている、と述べた日蓮である。この試み自体には反対しないだろう。

超訳というか自在訳というか、かなり自由な日蓮解釈になってしまった。本の出来はさておき、私自身、日蓮ならではの人生論に、何度も目を開かれる思いがしたことは記しておきたい。

超訳 日蓮のことば✣目次

第一章 人は変われる……………………1

第二章　感情をコントロールする……25

第三章　自己とは何か……47

第五章 運命を切り開く

第一章

人は変われる

I

自分が嫌いな人は変わっていける

人はどんなときに生まれ変わるか。自分がつくづく嫌《いや》になったときが最大のチャンスである。自分のことが心底嫌いになると、道は二つしかなくなる。嫌な自分のまま流されていくか、それとも本当の自分を求めるか。どちらを選ぶかはあなたの自由だ。ただし前者は逃避で、最後には死が待つ。後者は挑戦で、どこまでも生き抜く。

――今から二千数百年前、一国の王子に生まれ、何不自由ない生活を送っていた一人の青年が、鋭敏すぎる感受性から自分に嫌気がさし、妻子を捨てて家をでた。彼は自己嫌悪に屈せず、かえってそれをエネルギーに本当の自分を探し続けた。そして、ついに人生の意味がわかり、人々を照らす光となった――。仏教を開いた釈迦《しゃか》（ブッダ）が、その人である。

仏も自己嫌悪から蘇《よみがえ》った人だった。自分が嫌いであればあるほど、劇的に変わっていける。本物の人生が味わえる。自分が嫌になってもいい。どうか自分の底力は信じてほしい。

『主師親御書《しゅししんごしょ》』『妙心尼御前御返事《みょうしんあまごぜごへんじ》』

【日蓮のことば】

＊釈迦仏《しゃかぶつ》は師子頬王《ししきょうおう》の孫、浄飯王《じょうぼんおう》には嫡子《ちゃくし》なり十善の位をすて五天竺《ごてんじく》第一なりし美女耶輸多羅《やしょだら》女をふりすてて十九の御年出家して勤め行ひ給いしかば三十の御年成道……（『主師親御書』）。

＊病によりて道心はをこり候なり（『妙心尼御前御返事』）。

【現代語訳】

＊釈迦仏は師子頬王の孫で浄飯王の嫡子であった。前世の道徳的な行いで得た王子の位を捨て、全インド随一の美女だった耶輸多羅女という妻も振り捨てて十九の年に出家、修行に励んだ結果、三十の年で仏となられた……。

＊病気になることで仏の道を求める心が起きるのだ。

2

自分が変われば相手も変わる

もっと信頼してもらいたい。そう不満をもらす前に、自分は相手を信頼しているかと問うてみよう。世間の道理として、不信は不信を呼び、信頼は信頼を呼ぶ。一つの関係に二つの雰囲気（気持ち）はない。今は、相手の不信感が二人の関係を支配している。それなら、あなたの信頼で雰囲気を変えればよい。

要するに、どちらが主体的に関係を支配するかである。今日から「自分が変われば相手も変わる」をモットーにしよう。『立正安国論《りっしょうあんこくろん》』

【日蓮のことば】

悦《よろこば》しきかな汝蘭室《らんしつ》の友に交りて麻畝《まほ》の性《しょう》と成る。

【現代語訳】

悦《よろこ》ばしいことに、あなたは蘭《らん》の香りのように人徳の薫《かお》り高い人に交わって感化を受け、蓬《よもぎ》のように曲がっていた心が麻のように素直になった。

3

相手は自分の鏡である

鏡に向かって、おじぎをしてみよう。鏡に映った自分の姿が、自分に向かって頭を下げている。人間関係の道理は、これと同じだ。他人と私は、本当は一つ。目の前の相手は自分の鏡と思ったほうがよい。相手を尊重すれば、自分も尊重される。相手を憎めば、憎しみを返される。

相手の行いを変えるには、自分の心一つを変えればよい。「どんなに尊重しても、憎しみを返す相手がいる」と嘆《なげ》いてはならない。その人の「態度」は憎々しくても、すでに「心」はあなたに敬礼している。いつか必ず、見えない返礼の心が態度にも現れてくるだろう。

『御義口伝《おんぎくでん》』

【日蓮のことば】

法界《ほっかい》が法界を礼拝するなり自他不二《じたふに》の礼拝なり、其の故は不軽菩薩《ふきょうぼさつ》の四衆《ししゅ》を礼拝すれば上慢の四衆所具の仏性《ぶっしょう》又不軽菩薩を礼拝するなり、鏡に向つて礼拝を成すとき浮べる影又我を礼拝するなり。

【現代語訳】

不軽菩薩が皆を拝むのは、不軽のなかの真理が皆のなかの真理を拝むということだ。これを自他不二の礼拝という。なぜなら、不軽菩薩が皆を拝めば、たとえ思い上がった人たちでも、彼らの仏の性質が不軽菩薩を拝み返すのである。鏡に向かって礼拝をするとき、そこに映った自分の影もまた自分を礼拝するのと同じ原理である。

4

苦しみは長く続かない

苦しみの最中は絶望的になる。この苦しみがずっと続くように思えて、何もかも投げだしたくなる。しかし、待て。あなたは苦しみに執着していないか。何十年、何百年と続く苦しみなど、現実にあると思うか。苦と楽は、世の中を循環する。苦あれば楽あり。これを「縁起」という。命の法則である。

苦しいだけの世界はない。逆に楽しいだけの世界もない。苦しみの冬を耐え、喜びの春を待とう。たとえ不治の病にかかっても、人生を喜んで生きた人はいる。

『妙一尼御前御消息《みょういちあまごぜごしょうそく》』

【日蓮のことば】

法華経を信ずる人は冬のごとし冬は必ず春となる、いまだ昔よりきかずみず冬の秋とかへれる事を。

【現代語訳】

『法華経』を信じる人は冬のようなものだ。冬は必ず春となる。冬が秋に戻ったなどは、いまだかつて聞いたことも見たこともない。

5

最初の一歩は勇気から

何かを始める。人と知り合う。憎しみ合う関係をときほぐす。このように世界を変えるには、まず自分から一歩を踏みださねばならない。最初の一歩、それは「勇気」である。自分が前にでる勇気さえあれば、すべてが変わる。

しかし、どうすれば勇気を持てるのか。愛する者のために、命を投げだす人がいる。思想信条を貫き、国家と戦う人もいる。大事な何かがあり、それを信じるから、われわれは勇気をだせる。まず、信じるものを探すことだ。そこから自然に勇気がわき、勇気は行動を生み、やがて世界が変わる。

『四条金吾殿御返事《しじょうきんごどのごへんじ》』

【日蓮のことば】

なにの兵法よりも法華経の兵法をもちひ給うべし、「諸余怨敵皆悉摧滅《しょよおんてきかいしつざいめつ》」の金言むなしかるべからず、兵法剣形《へいほうけんぎょう》の大事も此の妙法より出でたり、ふかく信心をとり給へ、あへて臆病にては叶うべからず候。

【現代語訳】

どんな戦略よりも『法華経』の信仰を用いていきなさい。薬王品《やくおうぼん》に「諸の余の怨《おん》敵《てき》、皆悉《ことごと》く摧滅す」とある金言は決して空しくないだろう。武術等の重大事もこの妙法よりでている。妙法を深く信じていきなさい。臆病では何事も叶《かな》わないのだ。

6

自分のような人のために頑張る

成功したい。お金を稼ぎたい。健康で長生きしたい。人間のこうした願望を、道徳家は「利己主義」と非難し、宗教家は「現世利益」と蔑《さげす》む。けれども、なかにはそういえないケースがある。つまり、自分だけがいい思いをしたいのではなく、自分と同じく貧乏や病気に悩む人たちに希望や勇気を与えたくて頑張る人がいるのだ。自分の幸せは、自分のような人の幸せにつながる。

金銭欲や自己顕示欲が強い人は、無理に性格を変える必要はない。ただ考え方を変えてみる。「自分のために」から「自分のような人のために」へ、と。そうすれば、真の成功者になれるだろう。

『四条金吾殿御返事《しじょうきんごどのおへんじ》』

【日蓮のことば】

強盛《ごうじょう》の大信力《だいしんりき》をいだして法華宗の四条金吾四条金吾と鎌倉中の上下万人乃至《ないし》日本国の一切衆生《いっさいしゅじょう》の口にうたはれ給へ、あしき名さへ流す況《いわん》やよき名をや何に況や法華経ゆへの名をや。

【現代語訳】

強く大きな信の力をだして「法華宗の四条金吾、四条金吾」と鎌倉中の上下万人、日本国の一切衆生の口にうたわれていきなさい。悪名でさえ世に流れる。善《よ》き名を流すのは当然だ。ましてや『法華経』ゆえの名を流すべきなのはいうまでもない。

7
世の中に他人はいない

夜になると寝て、朝になると起きる。そしてまた眠りの夜が来て、朝の知らせが眠りを破る。あたかもそのように、われわれの命も、生まれては死に、死んでは生まれ、を無限に繰り返す。

無限の生死には、無限の関係がともなう。たとえば、あなたの子どもは、過去の世にはあなたの親であったに違いない。友人も、恋人も、街ですれ違った見ず知らずの人も、遠い国で飢餓に苦しむ子どもたちも、皆、過去にあなたの親であった。もっと広げていえば、さっき食べた魚や隣の家の犬、ささやかな一輪ざしの花でさえも、昔は皆、あなたの親だったことになる。

命にまつわる無限の関係の網を、もしも一人一人が実感できたとしたら、どんなに和《なご》やかな社会となろうか。万物は互いに恩人であり、世の中に他人などいない。「共生」ということばは本来、道徳というより命の感覚なのだ。

『法蓮抄《ほうれんしょう》』

【日蓮のことば】

六道四生《ろくどうししょう》の一切衆生《いっさいしゅじょう》は皆父母なり孝養《こうよう》おへざりしかば仏にならせ給はず。

【現代語訳】

この世の一切の生物は、皆、自分の父母である。だから釈迦《しゃか》は、生きとし生けるものへの孝養を終えないうちは仏になられなかった。

8

皆と一緒に喜べ

自分だけの幸福は、他人からつけねらわれる。人間だけの満足は、自然から復讐《ふくしゅう》される。他人の笑顔が見え、山も空も色鮮やかであれば、自分の幸せは誰からも壊されない。皆と一緒の喜びこそ、本当に永遠である。心を変えよう。自分一つの心から、すべてと一つの心へ――。

『立正安国論《りっしょうあんこくろん》』

【日蓮のことば】

国に衰微《すいび》無く土に破壊無《なく》んば身は是《こ》れ安全心は是れ禅定《ぜんじょう》ならん。

【現代語訳】

国が衰えず、環境も破壊されなければ、あなたの身は安全であり、心に何の不安もなくなるだろう。

9

信じる者が持つプラス思考

信仰を現実からの逃避と考えるのは、大きな間違いだ。信仰はむしろ、現実をたくましく生きる力である。

人知を超えたものを信じると、人は根底から楽観的になる。危機に瀕《ひん》したとき、現実しか信じない人は悲壮感を漂わせるが、天命を信じる者は前向きで、どこか明るい。

特定の宗教を信じなくとも、宗教性を持った人は常にプラス思考である。大胆で、明るく、強く、使命感に溢《あふ》れ、人々を惹《ひ》きつける。世の指導者に宗教的なプラス思考がないと、社会が暗くなる。

『開目抄《かいもくしょう》』

【日蓮のことば】

我並びに我が弟子諸難ありとも疑う心なくば自然《じねん》に仏界にいたるべし、天の加護なき事を疑はざれ現世の安穏ならざる事をなげかざれ。

【現代語訳】

私、そして私の弟子たちは、多くの難があっても疑う心さえなければ、自然に仏の境地に至るであろう。天の加護がない、などと疑ってはならない。今の人生が安穏でないことを嘆いてはならない。

10

素直が一番

素直であること――これ以上の武器が、世の中にあろうか。どんなに豊かな才能を持っていても、素直な人にはかなわない。批判好きな秀才よりも素直な凡才のほうが、最高の真理に近づく力がある。

疑い深いと、自分の小さな考えしか信用できなくなる。素直であれば、先人の偉大な智慧《ちえ》をどんどん自分のものにしていける。いわんや、目に見えない世界に足を踏み入れる特権は、素直な人だけに与えられていよう。

この人は偉大だ。自分よりもすぐれている。そう感じたなら、素直に教えに従おう。素直な心が翼となり、あなたは一気に高山の頂《いただき》に飛んでいく。眼下には、有能なへそ曲がりたちが山道に迷い、立ち尽くしているさまが見えるはずだ。

『撰時抄《せんじしょう》』

【日蓮のことば】
彼の天台の座主よりも南無妙法蓮華経と唱うる癩人《らいにん》とはなるべし。

【現代語訳】
あの高名な天台山の座主になるよりも、南無妙法蓮華経と唱えるハンセン病者となるべきである。

II

智慧《ちえ》を使った勝負とは

智慧《ちえ》というのは、野球でいえば名投手の配球の妙に似ている。純粋な理想家は、ストライクゾーンに剛速球しか投げ込まない。いつも正々堂々、力と力で勝負。ところが、智慧《ちえ》の人はさまざまな配球を考える。ストライクからボールになる変化球。高めのつり球。裏をかいた、ど真ん中の速球。敬遠の四球もいとわない。

智慧者《ちえしゃ》も、剛速球を投げないわけではない。ただ、その場その場で状況判断を行うのだ。理想家の勝負は爽やかで、結果は二の次となる。智《ち》慧《え》の勝負は、すっきりしないこともあるが、最後に皆が喜ぶ。二人の違いは、自分一人の満足か、皆と一緒の満足か、という点にある。

『椎地四郎殿御書《しいじしろうどのごしょ》』

【日蓮のことば】

教主大覚世尊《だいかくせそん》巧智無辺《ぎょうちむへん》の番匠《ばんしょう》として四味八教《しみはっきょう》の材木を取り集め正直捨権《しょうじきしゃごん》とけづりなして邪正一如《じゃしょういちにょ》ときり合せ……。

【現代語訳】

教えの主である釈迦は、限りなき智慧の船大工として、種々の思想の材木を取り集め、正直に劣ったものを削り落し、真実には邪と正も一つだと切り合わせる。

第二章

感情をコントロールする

12

誰でも心と心はつながっている

こっちが笑うと向こうも笑う。すると、もっと笑ってしまう。
こっちが泣くと向こうも泣く。すると、もっと泣いてしまう。
こっちが怒ると向こうも怒る。すると、もっと怒ってしまう。
心と心は、確かにつながっている。草や木とだって通じ合っている。
喜びも、悲しみも、本当はこの世界とともにしかないのだ。

『聖愚問答抄《しょうぐもんどうしょう》』

【日蓮のことば】

籠《かご》の内にある鳥の鳴く時空を飛ぶ衆鳥《しゅうちょう》の同時に集まる是を見て籠の内の鳥も出でんとするが如し。

【現代語訳】

例えば、籠のなかにいる鳥が鳴くと空を飛ぶ鳥たちが集まってくる。それを見て籠のなかの鳥も外にでようとする。そのように、内外の仏性が呼び合って成仏するのだ。

13

理想が大きいほど人は強くなる

今日も体調がすぐれない。あの人のひとことが気になって、夜も眠れない。つまらないことだとわかっているのに、どうしようもなく気分が落ち込む。

憂うつに対する薬はあるが、根本的な治癒《ちゆ》は難しい。精神の変調は、やはり精神が癒《いや》すのが一番。そこで、一つ提案がある。

あなたは、あまりにも自分のことを気にしていないか。自己の幸福を超えた、大きな理想を持っているか。理想を持てば、人は強くなれる。「愛する家族のために」という小理想でさえ、人を奮《ふる》い立たせる。ましてや町のため、社会のためといった大理想に生きるならば、つまらないことにクヨクヨする暇もなくなる。

格闘家は、試合中にケガの痛みをさほど感じない。勝利という目的に向かい、自己から自由になっているからだ。小さな自分の枠を打ち破る、大きな理想を持とう。それが、つまらないことに悩まぬ最良の方法である。

『報恩抄《ほうおんしょう》』

【日蓮のことば】

法華経には「我身命《しんみょう》を愛せず、但無上道《むじょうどう》を惜《お》しむ」ととかれ涅槃経《ねはんぎょう》には「寧《むしろ》身命を喪《うしな》うとも教を匿《かく》さざれ」といさめ給えり、今度命をおしむならばいつの世にか仏になるべき。

【現代語訳】

『法華経』には「われ身命を愛せず、ただし無上の道を惜しむ」と説かれ、『涅槃経』には「むしろ身命を喪うとも、正しい教えを匿していてはいけない」といましめられている。このたび命を惜しむなら、いつの世に仏になれるというのか。

14

正しく怒る練習をしよう

怒らないことが幸せな生活の秘訣《ひけつ》、と説く坊さんがいる。このようないい方は、誤解を招くからよくない。横暴な権力、だまされる庶民、弱い者いじめ、青年の失業、金持ちの利己主義——世の中には、怒って当然の事柄が山ほどある。怒るべきときに怒らないのは、かえって無慈悲ではないか。

確かに、ブッダは「怒りを捨てよ」と教えた。だが、その真意は「怒りに振り回されるな」である。怒りの鉄鎖《てっさ》から自由になれば、怒りを正しく使えるようになる。怒るべきときに本気で怒る。怒るべきでないときには決して怒らない。そのように、今日から正しく怒る練習をしよう。

『諫暁八幡抄《かんぎょうはちまんしょう》』

【日蓮のことば】

瞋恚《しんに》は善悪に通ずる者なり。

【現代語訳】

怒りは善悪に通じるものである。

15

欲望を従えよう

善を見て悪を知り、悪があって善の意味がわかる。善と悪は離れて存在できない。だから、世の中に百パーセントの悪などない。

どんなものにも、善悪の両面がある。欲望もそうだ。われわれは、欲望の善い面が悪い面に勝るように生きていこう。これが、「欲望を従える」という人生の極意である。悪いのは、情動に流されて「欲望に従う」こと。欲望そのものが悪なのではない。

『四条金吾殿御返事《しじょうきんごどのごへんじ》』

【日蓮のことば】
慾《よく》をもはなれずして仏になり候ける道の候けるぞ。

【現代語訳】
欲望でさえ嫌わずに仏になれる方法がある。

16

ほめられて怒るときがある

立派な人物からほめられるのは栄誉である。しかし、軽蔑《けいべつ》すべき人間からほめられては、かえって恥になる。そんなときは、「おまえと一緒にするな！」と怒るのが正常な神経だ。

『開目抄《かいもくしょう》』

【日蓮のことば】
愚人にほめられたるは第一のはぢなり。

【現代語訳】
愚か者にほめられるのは最も恥ずかしいことである。

17

他人に「頑張れ」といわずに自分が頑張る

うつは心の風邪。誰がかかってもおかしくはない。問題なのは、この病気が本人の頑張りでは、なかなか治せないところ。「頑張れ」と励ませば、逆にうつを悪化させる。

ならば、どうするか。「頑張れ」という人が、うつの人の代わりに頑張ればよい。人間の心は元来、互いに通じ合っている。目の前のうつ病患者の心は、あなたの心でもある。だから、あなた自身が患者の回復を祈り、できることをする。つまり、「あなたのなかのうつ病患者」が頑張る。そうすれば、やがて患者が自分の力で立ち上がるときもくる。心は自由自在。本質的に、助ける人と助けられる人の区別はない。

『御講聞書《おんこうききがき》』

【日蓮のことば】
釈迦多宝《しゃかたほう》の二仏《にぶつ》は我等が己心《こしん》なり。

【現代語訳】
釈迦如来・多宝如来の二仏はわれわれの心のなかにいる。

18

思いやりとは他人との「一体力」

思いやりには想像力が必要だ。この人はどんなに苦しいだろう、と自分を他人に置き換えてみる。それが想像力である。

誤解してはいけないのは、この想像力が頭で考える力ではない、ということ。誰かが崖から落ちそうなのを見た人が、思わず自分も目を閉じて首をすくめる。これは、自分と他人がどこかで一体化しているからだ。

他者とのつながりを実感する「一体力」が強い人ほど、自分と無関係に見える存在にも思いやりを持てる。仏の慈悲はその究極であって全人類、全生物、山河や岩石までも思いやる。

むろん、思いやりには相手を知ることが先決である。その意味で考える力は大事だが、それだけでは他者と一体化できない。考える力は、一体になる力の断片にすぎないのだ。

『御講聞書《おんこうききがき》』

【日蓮のことば】

法界に有りとある一切衆生《いっさいしゅじょう》の受くる苦悩をば、釈尊《しゃくそん》一人の長者に帰す。

【現代語訳】

この世界のありとあらゆる生き物が受ける苦悩は、釈迦という富める者一人に帰す。

19

「悲しむ力」を与えよう

悲しむにも力が必要だ。悲しみとは運命への抵抗である。運命にひどく打ちのめされた人には、悲しむ力さえ残っていない。そんなときに、誰かがきてわがことのように嘆《なげ》き悲しんでくれるなら、本人も「悲しむ力」をもらえる。再起は悲しむことから始まる。

他人の不幸を悲しむには、苦しむ相手を自分自身に置き換えることである。心が外に広がっていなければ、他人に共感して一緒に悲しめない。ともに悲しむことができない人は、心が内側に向いている。

『上野殿母御前御返事《うえのどのははごぜごへんじ》』

【日蓮のことば】

故五郎殿かくれ給いて既に四十九日なり、無常はつねの習いなれども此の事うち聞く人すら猶《なお》忍びがたし、況《いわん》や母となり妻となる人をや心の中をしはかられて候……今年九月五日月を雲にかくされ花を風にふかせてゆめかゆめならざるかあわれひさしきゆめかなとなげきをり候へばうつつにてすでに四十九日はせすぎぬ、まことならばいかんがせん、さける花はちらずしてつぼめる花のかれたる、をいたる母はとどまりてわかきこはさりぬ、なさけなかりける無常かな無常かな。

【現代語訳】

故五郎殿が亡くなられてすでに四十九日である。無常であることは常の習いであるけれども、このことを聞いた人でさえ、なお忍びがたい。ましてや母となり、妻となっている人はなおさらであろう。心中をご察し申し上げる……今年九月五日、月を雲に隠され、花を風に吹かれたように七郎五郎殿は亡くなってしまった。夢なのか夢でないのか、ああなんと長い夢かと嘆いていると、どうやら現実のようで、すでに四十九日は過ぎ去ってしまった。事実ならば、どうしたものか、咲いた花が散らずに蕾《つぼみ》の花が枯れてしまったように、老いた母は留まって若い子どもは去ってしまった。なんと情けのない無常の世であることか、本当に無常の世である。

20

愛と慈悲の違い

「愛」と「慈悲」は違う。愛は特定の対象に向けられるが、慈悲の対象はあらゆる存在に及ぶ。また、愛の感情は要求されるものだが、慈悲の心は自然に湧き起こる。万物と一体不二《いったいふに》（異なっていても一体）の境地から流れだす、すべての人をわが子のように慈しむ心。それが慈悲心である。大きな自己は、ごく自然に慈悲に満ちてくる。仏とは、自ずから慈悲に生きるしかないような人格を指していう。

『諫暁八幡抄《かんぎょうはちまんしょう》』

【日蓮のことば】

今日蓮は……只《ただ》妙法蓮華経の七字五字を日本国の一切衆生《いっさいしゅじょう》の口に入れんとはげむ計りなり、此れ即母の赤子の口に乳を入れんとはげむ慈悲なり。


【現代語訳】

今、日蓮は……ただ妙法蓮華経の七字五字を日本国のすべての人々の口に入れようと励むばかりである。これはちょうど、母親が赤ちゃんの口に乳を含ませようとする慈悲と同じである。

21

慈悲に至るために真理を信じる

仏様でもないわれわれが、大空のごとき慈悲心を持つことなど、とてもできない。誰もが自分のことで精一杯。「慈悲を持て」といわれても、聖人君子の話にしか聞こえない。もっともなことである。

現実において、慈悲というのは絵空事なのか。私（日蓮）の意見を話そう。ここに慈悲の本体がある。宇宙根源の真理である。それを自ら信じ、他人にも教えよ。そうすれば、普段の生活のままで、仏の慈悲の振る舞いと同じになる。

全く泳げない人でも、船に乗れば大海を渡れる。そのように、真理への信仰によって飛躍すれば、凡人も慈悲の世界に入れる。必要なのは、心の平安ではない。信じて行動する勇気である。

『聖愚問答抄《しょうぐもんどうしょう》』『教行証御書《きょうぎょうしょうごしょ》』

【日蓮のことば】

＊妙法蓮華経とは一切衆生《いっさいしゅじょう》の仏性《ぶっしょう》なり（『聖愚問答抄』）。

＊日蓮が弟子等は臆病にては叶《かな》うべからず（『教行証御書』）。

【現代語訳】

＊妙法蓮華経とは、あらゆる生き物にそなわる仏の性質である。

＊日蓮の弟子たる者は臆病であってはならない。

第三章

自己とは何か

22

そのままの自分がいい

梅は桜になれない。桃が梨になることもない。人間を見ても顔形、背丈、肌の色、性格、境遇と、本当に千差万別だ。世界は「違い」で成り立っている。

この自然の摂理に反し、自分を嫌い、自分を捨てようとする人がいる。そのままの自分でいいじゃないか。梅は梅のまま、桃は桃のままが一番美しい。宇宙の配列に優劣などないから、自分自身を照らし輝かせよう。

自分は自分らしく、あなたはあなたらしく。

そうして世界は調和の音色を奏でる。

『御義口伝《おんぎくでん》』

【日蓮のことば】

桜梅桃李《おうばいとうり》の己己《ここ》の当体《とうたい》を改めずして無作三身《むささんじん》と開見《かいけん》すれば是れ即ち量の義なり。

【現代語訳】

桜は桜、梅は梅、桃は桃、李は李と、おのおのの姿を改めずに無作三身（そのままの姿で法身《ほっしん》・報身《ほうじん》・応身《おうじん》という仏の三つの生命を顕《あらわ》すこと）を実現するのが、無量義《むりょうぎ》の「量」の意義である。

23

自分を知りたいなら困難に挑め

若い人は、自分がどんな人間なのか、何をすべきなのか、なかなかわからない。自分の可能性を知りたくて、色々と試行錯誤する。

これは覚えておくといい。人生の岐路に立ったとき、二つの道があるとする。一つは安全な道、もう一つは困難な道。賢者は、迷わずに困難な道を選ぶ。なぜか。自分を知るには自分を試すしかない。自分を試すには困難に挑戦するしかない。そして、困難が大きいほど自分の可能性が広げられる。

困難と戦わず、自分で自分の力を決めつけるのは愚か者の生き方である。

『佐渡御書《さどごしょ》』

第三章　自己とは何か

【日蓮のことば】

強敵《ごうてき》を伏して始て力士をしる。

【現代語訳】

強敵を倒してこそ、初めて力ある者だとわかる。

24

自分を大きくするには師匠を見つける

自分の可能性を広げていきたい。もっと大きな自分になりたい。それなら、自分よりも大きな人を求め、その人を「師」と仰ぐことである。

自分もこの人に続こう、と決意した弟子は、すでに師と一体である。師匠のすべてを自分のものにできる。壁は破れ、新たな世界が目の前に広がる。師匠にとっても、素晴らしい弟子との出会いは格別だろう。才能や人徳がある弟子は、師の足らざるを補う。もう一人の自分＝弟子が、未知の分野で躍動する姿を見るのは、師たる者の至福に違いない。

師弟関係などというと、いかにも古臭いが、尊敬できる人物との出会いは至る所にある。実際に出会えなければ、書物を通じてでもいい。ともかく、師を見つけるのが、大きな自分を作る唯一の道である。

『御義口伝《おんぎくでん》』

【日蓮のことば】

師弟感応して受け取る時如我等無異《にょがとうむい》と悟るを悟仏知見《ごぶつちけん》と云うなり。

【現代語訳】

師匠の仏と弟子のわれわれが通じ合って一体となり、わが身が仏と何の違いもないとわかること、これを「仏の知見を悟る」というのである。

25

自慢には二種類ある

自慢には二種類ある。一つは〝自分の偉さ〟をいう自慢、もう一つは〝信念に生きる誇り〟を語る自慢。前者を慢心といい、後者を信仰という。

崇高な何かを信じる上で自分が尊い。こう宣言する人は、慢心どころか自分自身を殺しているのだ。

『呵責謗法滅罪抄《かしゃくほうぼうめつざいしょう》』

【日蓮のことば】

我と是を云はば自讃《じさん》に似たり、云わずば仏語を空《むなし》くなす過《とが》あり、身を軽んじて法を重んずるは賢人にて候なれば申す。

【現代語訳】

自分から〝私は『法華経』の予言どおりに振舞っている〟といえば、自画自讃に似てくる。しかし、これをいわなければ、仏のことばを空しくする罪を負う。身を軽んじて法を重んじるのが賢人であるから、あえていうのである。

26

自分にこだわらないからこそ他人にやさしい

仏教者は、「自分」というものにこだわらない。「自分は何ものでもない」という「無我」「空」の真理を信じている。自分自身を持たなければ、他人を差別することもない。本当の意味で他人にやさしく、自分と同じように他人を尊重できる。これが、仏教でいう「慈悲」である。

『御義口伝《おんぎくでん》』

【日蓮のことば】
法界の依正《えしょう》妙法なる故に平等一子の慈悲なり。

【現代語訳】
森羅万象は環境の世界も主体の世界もことごとく妙法の当体《とうたい》であるがゆえに、仏は、あらゆる生物を平等に一子と見なすという慈悲に生きている。

27

われわれはしょせん動物である

きれいな服を着て、小ぎれいな家に住み、立派な話ばかりする人も、トイレに入れば尻をださないわけにはいかない。そして、生き物を殺して食べ、ちゃっかりと自分は生きている。

われわれは、根本的に動物なのである。動物性を離れて、人は生きていけない。だったら、動物のままで光輝くことだ。つくろわず、格好をつけず、皆と大笑いしながら、真理の道を歩め。

『始聞仏乗義《しもんぶつじょうぎ》』

【日蓮のことば】

我等其の根本を尋ね究むれば父母の精血《せいけつ》赤白《しゃくびゃく》二《に》渧《たい》和合して一身と為る悪の根本不浄の源なり……但し付法蔵《ふほうぞう》の第十三天台大師の高祖竜樹《りゅうじゅ》菩薩《ぼさつ》妙法の妙の一字を釈して譬《たと》えば大薬師の能《よ》く毒を以て薬と為すが如し等云云。

【現代語訳】

われわれの由来を探究すると、父母の精と血の赤白二渧が和合して一身となったのであり、これが悪の根本、不浄の源である……ただし釈迦の仏法を継承した第十三祖で、天台智顗《ちぎ》大師の高祖である竜樹菩薩は、妙法の「妙」の一字を解釈して「たとえば名医が毒をもって薬とするようなものである」などといわれている。

28

「私のものは私のもの」を改める

「私のものは私のもの」という素朴な直観は、何も間違ってはいない。けれど、より真実には「私のものは、皆と一緒に生きる私のもの」というべきだ。自己の労働には皆の力がかかわっている。「皆」に依存して生活する「私」の労働だから、純粋には「私」の所有を主張できない。誰しも社会に恩があり、皆のおかげで財産を持てる。「私」でもあり「皆」でもある、いわば中道的な自己として物を所有しよう。それが、主体的な分かち合いにつながる。

『十法界明因果抄《じっぽうかいみょういんがしょう》』

【日蓮のことば】

一切衆生《いっさいしゅじょう》は互に相助くる恩重し。

【現代語訳】

すべての生き物は助け合っているから互いに恩が重い。

29

自分の主人は自分しかいない

自分とは何か。どこからきて、どこにいこうとするのか。古今東西の哲人は、この問題を思索し抜いた。そこに宗教が生まれ、哲学が花咲いた。しかし、皆が納得できる答えは一つもない。

それでいいのだ。人生には、何か決まりごとがあるわけではない。神が定めたものでもない。人生は、自らが望んで演じる劇である。自分の主人は、自分以外にはいない。どこからこようが、どこへいこうが、どこで苦しもうが、どこが楽しかろうが、すべては自分自身が決めたシナリオである。そう思って、今の劇を精一杯演じよう。

『御講聞書《おんこうききがき》』

【日蓮のことば】

智慧《ちえ》とは万法己己《ばんぼうここ》の自受用報身《じじゅゆうほうしん》の振舞なり聡達《そうだつ》とは自在自在に振舞うを聡達とは云うなり。

【現代語訳】

智慧とは、すべての存在がそれぞれ仏の智慧の働きのままに振舞うことをいう。
また聡達とは自由自在に振舞うことをいう。

30

悟りとは究極の自覚である

自己を意識することを自覚という。幼児の心が発達してある水準を超えたとき、その心は自己を対象として認識する。心の発達は自由の拡大である。自由の力が増すと、心はやがて「自己」の外にでて「自己」をとらえるようになる。これが自覚である。そして最後には、自由が自由の全体を知るに至る。それがすなわち、仏の悟りである。仏は、鏡に映った自分の姿を見るように、自分の心がどこまでも自由なことを知っている。

『三世諸仏総勘文教相廃立《さんぜしょぶつそうかんもんきょうそうはいりゅう》』

第三章　自己とは何か

【日蓮のことば】

我が心の鏡と仏の心の鏡とは只一鏡なりと雖《いえど》も我等は裏に向つて我が性の理を見ず故に無明と云う、如来は面に向つて我が性の理を見たまえり故に明と無明とは其の体只一なり鏡は一の鏡なりと雖も向い様に依つて明昧《みょうまい》の差別有り。

【現代語訳】

わが心の鏡と仏の心の鏡とはただ一つである。われわれは鏡の裏に向かうので自分の姿を眺められない。だから無明（迷い）という。如来（仏）は鏡の面に向って自分の姿を眺める。だから明（悟り）という。要するに、悟りも迷いも本体は一つ。一枚の鏡の裏に向かうか表に向かうかによって、明暗の差別があるのだ。

第四章

善と悪について

31

眼だけはごまかせない

人の心はどこに現れるか。それは何といっても「顔」である。ところが、「顔」は心の住み家ではない。笑いながら心で泣いたり、泣きながら心で笑ったりと、「顔」はときとして心を覆い隠す。

心の本当の居場所、それは「眼」である。眼だけは、絶対にごまかしがきかない。眼は人間性そのもの。われわれは、目が見えない人とも、その透明な目の光を感じながら話をしている。

人を見る目を養いたければ、相手から目をそらさないこと。相手の目を見るのでなく、目のなかに相手を見るのだ。

『妙法尼御前御返事《みょうほうあまごぜごへんじ》』

【日蓮のことば】

人の身の五尺六尺のたましひも一尺の面にあらはれ一尺のかほのたましひも一寸の眼の内におさまり候。


【現代語訳】

人間の身体は百何十センチあっても、その魂は三十センチほどの顔に現れ、三十センチの顔に現れている魂も、わずか三センチの眼のなかに収まっている。

32

悪人は酒に酔っている

「稀代《きたい》の悪人」といっても、根っから悪いわけではない。本性は普通の人間で、意外によい面があったりする。ただ、この人は悪い酒に酔っている。悪い酒とは、人を破滅させるような思想をいう。人間は思想によって行為する。欲望のままに生きるのも一つの思想であろう。

悪人の本性は決して悪くない。悪いのは思想の酒である。悪人でなく悪思想を憎むべきだ。

『新池御書《にいけごしょ》』

【日蓮のことば】
本性よき人なれども酒に酔いぬればあしき心出来し人の為にあしきが如し。

【現代語訳】
「魔が差す」というのは、心根がよい人であっても、酒に酔ってしまえば悪い心がでて他人に迷惑をかけるようなものである。

33

話の内容よりも
語る人のほうが大事

どんな思想でも、用いる人に柔軟性があれば、その長所が生きてくる。柔軟性は心の広さであり、軽やかさである。反対に、硬直性は心の狭さであり、重さの現れである。

広々とした心の人が説けば、何でもよい思想になる。卑屈な者が、どんなに弁舌さわやかに述べても、すべてが悪い思想になってしまう。大事なのは「語る人」であって、「語られた内容」ではない。最高の人格者ともなれば、あらゆる思想に究極の輝きを与えられる。

『白米一俵御書《はくまいいっぴょうごしょ》』

【日蓮のことば】

一切世間《いっさいせけん》の外道の経書《きょうしょ》は皆是れ仏説にして外道の説に非ず。

【現代語訳】

世の中のあらゆる思想書は皆、仏の教えであって、仏教以外の教えではない。

34

執着はこの世界をブツ切りにする

物事への執着が過ぎると、何かと害が多い。現実の世界では、すべてがつながっている。単独で存在するものなど、何一つない。にもかかわらず、特定の物や事柄にひどくこだわる人は、現実のつながりを無視し、寸断しながら生きている。

つながりに満ちた世界をブツ切りにして世の中を見る。これは不自然であり、歪《ゆが》んだ抽象化であり、根本的に無理がある。だから、苦しみが生じることは避けられない。一切をありのままにとらえないから、執着は悪なのである。

『寿量品得意抄《じゅりょうほんとくいしょう》』

【日蓮のことば】

爾前迹門《にぜんしゃくもん》に執着する者はそらの月をしらずして但池の月をのぞみ見るが如くなり。

【現代語訳】

仏の仮の教えに執着する者は、空の月を知らず、ただ池の水面に映った月の姿を望んで見ているようなものである。

35

悪を生かして使う

悪人は手段を選ばない。善人は手段を選ぶ。よって、現世では悪人が勝ち、来世では善人が勝つ。本当なら、現世でも善人が勝たねばならない。善良な人々が悪人に苦しめられるばかりではいけない。

善人も、ときには手段を選ばぬことだ。悪人と同じレベルでケンカしろ、といいたいのではない。自分のなかの悪を生かして使うのだ。暴れ回る酔っ払いに、いくら道理を説いても通じるわけがない。そんなときはウソをついて誘導し、密室に閉じ込める。あるいは、本気で怒鳴りつけ、バケツで頭に水をぶっかける。正気に帰ったら、ゆっくり話し合えばいい。悪を生かして使うとは、そういうことである。

『立正安国論《りっしょうあんこくろん》』

【日蓮のことば】

善男子《ぜんなんし》正法を護持せん者は五戒を受けず威儀を修せず応《まさ》に刀剣弓箭鉾槊《とうけんきゅうせんむさく》を持《じ》すべし。

【現代語訳】

善き人よ、正しい仏法を護ろうとする者は、殺生・盗み・ウソ・邪婬《じゃいん》・飲酒を禁止した五戒にとらわれず、戒律の作法も修めず、刀剣や弓矢・鉾《ほこ》を手にとるべきである。

36

誠実なウソは悪くない

ウソをつくのは善《よ》くない。ウソは悪である。

ウソはなぜ悪いのか。ウソ自体が悪なのか。そうではない。ウソをつく、その心が不誠実だから悪なのだ。

では、誠実な心でつくウソはどうか。これは善である。仏は誠実な心で、人々の理解力に配慮しつつ仮の教えを説いた。真実を隠し、皆を導いていった。そして『法華経』に至り、「これまでの教えは真実でないから捨てよ」と宣言した。仏の誠実なウソは真実への門となり、実は真実と一体であった。

不誠実なウソは悪だが、誠実なウソは善である。「真実か、ウソか」でなく「誠実か、不誠実か」が、人の言語の善悪を決する。


『念仏無間地獄抄《ねんぶつむけんじごくしょう》』

【日蓮のことば】

浄土の三部経とは釈尊一代五時の説教の内第三方等《ほうどう》部の内より出でたり、此の四巻三部の経は全く釈尊の本意に非ず三世諸仏出世の本懐にも非ず唯暫く衆生誘引《しゅじょうゆういん》の方便なり譬《たと》えば塔をくむに足代をゆ（結）ふが如し念仏は足代なり法華は宝塔なり法華を説給までの方便なり法華の塔を説給て後は念仏の足代をば切り捨べきなり。

【現代語訳】

釈迦の全生涯の説教のうち、第三の方等部に分類される四巻三部の浄土三部経は、全く釈迦の本意ではない。過去・現在・未来の三世にいる仏たちの究極の目的でもない。ただしばらくの間、人々を教育するための方便の教えである。たとえば、高い建物を建てるときに足場を組むようなものだ。念仏は足場であり、『法華経』は建てようとする建物である。念仏は『法華経』を説くまでの方便、『法華経』という建物を説いた後は、不要となった足場は取り外すべきなのだ。

37

悪人の失敗を願ってもいい

悪人の失敗を願うのはよくないことか。他人の苦しみを望む、という意味では、そうだろう。しかし、その悪人が大勢の人々を苦しめ、社会に大きな害毒をまき散らしているのなら、話は別である。

皆の幸福のために、諸悪の根源たる人物の失敗を願うのは、まことに道徳的ではないか。民衆の解放を願って、残虐な独裁者の失脚を祈る。それが、どうして呪詛《じゅそ》（のろい）になろうか。政治的な革命であれ、宗教的な主張であれ、皆を苦しめる者を罰する、という気持ち自体は公共の正義に適《かな》っている。ひとえに害悪を憎むのであって、人の不幸を喜ぶのではない。

むろん、悪人にも人権がある。が、そればかり強調する者は、社会生活から離れた正義を振り回す、机上の理想家であることが多い。

『立正安国論《りっしょうあんこくろん》』

【日蓮のことば】

全く仏子を禁むるには非ず唯偏《ひとえ》に謗法《ほうぼう》を悪《にく》むなり。

【現代語訳】

仏の子を否定するのでは全くない。ただひとえに真理への反対を憎むのだ。

38

物事は生活者の視点で考える

人それぞれに異なる物事の考え方がある。とはいえ、時間に追われる日々のなかで、自分なりの考え方を一から作るのはかなり面倒なことだ。そこで、おおかたの人は多数の見解に準じて考える。もちろん、多数派の意見が必ずしも正しいわけではない。同様に、少数派の主張に真実があるともいい切れない。物事は、もっと一切の土台に根ざして考えるべきだろう。

多数派であれ、少数派であれ、皆、素顔は生活する人々である。生活の大地こそ、あらゆる観念の源である。生活者、大衆の視点に立つとき、物事の真相はありありと見えてくる。生活者が迷惑する「正義」などは、決して真の正義ではない。

『立正安国論《りっしょうあんこくろん》』

【日蓮のことば】

所詮天下泰平国土安穏は君臣の楽う所土民の思う所なり、夫れ国は法に依つて昌《さか》え法は人に因つて貴し国亡び人滅せば仏を誰か崇《あが》む可き法を誰か信ず可きや。


【現代語訳】

天下泰平と国土の安穏こそ、君主も臣下も、また庶民も、等しく願うことである。さて、国は真理によって栄え、真理は人によって貴くなる。国が亡んで人々がいなくなったら、聖者（仏）を誰が崇めるであろう。真理を誰が信じるであろう。

39

偉人も欲望から生ずる

偉人はどこからきたか。現象的には、男女の性欲からでてきた。偉大な精神も、本能的な欲望から生じる。ありのままの生こそが、崇高な人格の出所である。善と悪、偉人と凡人といっても、本質的な違いはない。

『御義口伝《おんぎくでん》』

【日蓮のことば】

此の白毫《びゃくごう》とは父の婬《いん》なり肉髻《にっけい》とは母の婬なり赤白《しゃくびゃく》二渧《にたい》・今経に来つて肉髻白毫の二相と顕れたり。

【現代語訳】

白毫（仏の眉間から発する光）とは父の婬すなわち精子であり、肉髻（仏の頭の髷《まげ》）とは母の婬すなわち卵子である。この父母の婬を『法華経』に至って肉髻・白毫の二相として表したのである。

40

法律は性悪説のためにある

法律はたいがい、〝人間は放っておけば悪いことをする生き物だ〟という性悪説に立っている。一方、仏教では心の本質を自由自在と見る立場から、人間を善とも悪とも規定しない。逆にいうと、人間は善でもあり悪でもあるとする。

理想の人格者である「仏」も、百パーセントの善人というわけではない。仏は完全に自由で、善にさえ縛られない。悪をも生かしながら、しかも善心が悪心に勝っている。善心は悪心よりも自由だからである。

ともあれ、人間が無限に自由である限り、人々の悪心は決してなくならない。だから、仏教から見ても、性悪説的な法制度はあったほうがいい。

『治病大小権実違目《ちびょうだいしょうごんじついもく》』

【日蓮のことば】

法華宗の心は一念三千性《しょう》悪《あく》性《しょう》善《ぜん》妙覚の位に猶《なお》備われり。

【現代語訳】

法華宗の意は一念三千の法門である。これによれば、善も悪もわれわれの心に本性としてあり、無上の悟りの位にも、なお善悪ともに備わっている。

第五章

運命を切り開く

41

人生は「信じる力」で勝つ

学問は疑うことで進歩する。人生はしかし、信じて勝たなければならない。人生は運命との格闘である。現実の定めから外にでる。それには自分の未来を信じるしかない。「信じる力」こそが、われわれを運命の一歩先へと押しだしてくれる。
間違えないでほしい。最後の勝利者は「疑う力」だけのエリートではない。それは「信じる力」を泥まみれで磨いてきた人生の挑戦者である。

『祈祷抄《きとうしょう》』

【日蓮のことば】

大地はささばはづるるとも虚空をつなぐ者はありとも潮のみちひぬ事はありとも日は西より出づるとも法華経の行者の祈りのかなはぬ事はあるべからず。

【現代語訳】

大地を指さして外れることがあっても、大空をつないで結ぶ者があっても、潮の満ち干《ひ》がなくなっても、日が西からでることがあっても、『法華経』の行者の祈りが叶《かな》わないことは絶対にない。

42

いい人と出会えば自分をもっと伸ばせる

人生は努力が半分、出会いが半分である。努力に努力を重ね、素晴らしい力をつけても、いい出会いがなければ宝の持ち腐れに終わる。人間同士が助け合って生きている以上、自分の力といっても、本当は他人の力が入り込んでいる。だから、いい人と出会い、いい力をもらうことが、自分を最大限に伸ばすことにつながる。

とりわけ青年時代は、若木のようなものだ。適当な添え木がないと、成長する力はあっても曲がりくねった木になってしまう。よき師、頼れる先輩、魅力的な友人との出会いを真剣に求めない人は、自分で自分の可能性を狭めている。

『三三蔵祈雨事《さんさんぞうきうのこと》』

【日蓮のことば】

木をうえ候には大風吹き候へどもつよきすけをかひぬればたうれず、本より生《お》いて候木なれども根の弱きはたうれぬ、甲斐無き者なれどもたすくる者強ければたうれず、すこし健の者も独なれば悪しきみちにはたうれぬ……されば仏になるみちは善知識にはすぎず、わが智慧《ちえ》なににかせん、ただあつきつめたきばかりの智慧だにも候ならば善知識たいせちなり。

【現代語訳】

植えた木であっても、強い支柱で支えておけば、大風が吹いても倒れない。もともと生えていた木であっても、根が弱いものは倒れてしまう。腑甲斐《ふがい》ない者であっても、助ける者が強ければ倒れない。少し強い者であっても、独りであれば、悪い道では倒れてしまう……それゆえ仏になる道は善き友に勝るものはない。自分の智慧が何の役に立つだろう。ただ暑い寒いを知る智慧さえあれば、後は善友が大切である。

43

不遇ゆえの幸福もある

実力があるのに認められない。嫉妬《しっと》の人々に足を引っ張られる。不遇は、いつの世にもある。

社会的な不遇は極力減らすべきだ。しかし、不遇を減らした分だけ個人の幸福が増すわけでもない。不遇に遭《あ》って、さらに実力を高める人がいる。不遇のときに、初めて大きな使命に目覚める人もいる。立派な人物は、あたかも名刀を打ち鍛えて精錬するように、わが身を不遇の嵐に投げ入れ、磨き抜く。

不公平な世の中でも、「不遇ゆえの幸福」を味わうことはできる。人間には、マイナスをプラスに転じる力がある。

『佐渡御書《さどごしょ》』

【日蓮のことば】

鉄《くろがね》は炎打《きたいう》てば剣《つるぎ》となる賢聖《けんせい》は罵詈《めり》して試みるなるべし。

【現代語訳】

鉄は炎に入れて焼いて打つことにより剣となる。賢人・聖人は罵詈して試みるものである。

44

悪い者ほど平穏無事なのはなぜか

世の中は、理屈に合わぬことが多い。人柄がよく、働き者で、他人のためにわが身を惜しまない。そんな人に限って苦労が絶えないものだ。反対に、自己中心的でわがまま、周囲に多大な害悪をもたらしている連中が、憎たらしいほど悠々としていたりする。運命は、どうしてこう不公平なのか。虫の世界と同じで、人間社会も悪党がのさばるようにできているのか。一つだけ教えよう。われわれの生命は、死んでも消えてなくなりはしない。今だって、目に見えないのに生命はあるだろう。死後も同じだ。

生命の永遠の流れがわかると、新たな現実が見えてくる。小さな失敗をしたとき、人はそれを取り返そうと努力する。一時的につらい思いはするが、大事に至らずにすむ。しかし、取り返しのつかない大失敗をした人はどうすることもできない。小失敗を挽回《ばんかい》するときのような苦労はないが、未来の破滅をただ待つしかない。悪人が平穏に長生きするのはこれだ。死刑が決まっている囚人に過ちを改めさせても、あまり意味はない。それと同じく、死後に地獄の報いが決定した大悪人は、もはや挽《ばん》回《かい》の余地がないから、現世で苦しむこともないのである。

『法蓮抄《ほうれんしょう》』

【日蓮のことば】

法華経を怨《あだ》む人に二人あり、一人は先生《せんしょう》に善根ありて今生《こんじょう》に縁を求めて菩提心《ぼだいしん》を発して仏になるべき者は或は口閉ぢ或は頭破る、一人は先生に謗人《ぼうじん》なり今生にも謗じ生生に無間地獄《むけんじごく》の業を成就せる者あり是はのれども口則ち閉塞せず、譬えば獄に入つて死罪に定まる者は獄の中にて何なる僻事あれども死罪を行うまでにて別の失なし、ゆりぬべき者は獄中にて僻事《ひがごと》あればこれをいましむるが如し。

【現代語訳】

『法華経』を憎む人に二種類ある。一人は前世に善い行いをし、今世に縁を求めて発心《はっしん》して仏になる可能性を持っている者。この人は、罵《ののし》ったり怨《うら》んだりすると、口が閉じたり頭が破れたりする。もう一人は前世に正しい教えを謗《そし》り、今世にもまた謗り、生まれるたびに間断なき苦しみを招く行いをする者。これは罵っても口が閉じ、塞《ふさ》がることはない。たとえていえば、牢獄に入って死刑に定まっている者は獄のなかでどのような悪事があっても死刑を行うまで別の咎《とが》はない、だが、赦《ゆる》される予定の者は獄中で悪事があればこれを戒《いまし》める、そのようなものである。

45

人生を作るのは自分自身である

「自分はなぜ、こんなに苦しむのか」「私だけが、どうして不幸なのか」——運命に関する疑問に、古《いにしえ》の宗教家は答えた。「一切は神のみぞ知る。神を疑ってはならない」。この時代、運命への処し方はただ祈ることにあった。

ところが、人々の理性が発達し、信仰よりも懐疑が好まれる時代には、祈りの処方箋はあまり歓迎されない。今度は哲学者の出番である。「不幸は、自然による偶然なのだ。あなた自身に罪はない」——。運命の自然主義が喝采を浴び、社会正義のスローガンは「偶然という自然の暴力から弱者を護《まも》れ！」になる。

仏教者は、宗教家とも哲学者とも違う。この人は考える。宗教家は「真の自己」を神と錯覚し、哲学者は「自己の劇」を偶然の産物と誤解している、と。この人はいう。「人生は自作自演の劇である。自分で決めた役は立派に演じ切れ！」と。

人生の作者は自分だった。そう気づくのが、じつは仏の悟りである。

『法華経《ほけきょう》』法師品《ほっしほん》、『御義口伝《おんぎくでん》』

【『法華経』と日蓮のことば】

＊是《か》くの如き人は、生ぜんと欲する処に自在なり（『法華経』）。

＊我等が一念の妄心の外に仏心無し九界の生死が真如《しんにょ》なれば即ち自在なり。所謂《いわゆる》南無妙法蓮華経と唱え奉る即ち自在なり（『御義口伝』）。

【現代語訳】

＊『法華経』を受持する人は、生まれようと願う場所に自由自在に生じる。

＊われわれの迷いの心の外に仏の心があるのではない。地獄から菩薩までの九界の衆生《しゅじょう》の生死が真実にして自在の生死なのである。すなわち南無妙法蓮華経と唱え奉ることにより、われわれは自在となる。

46

運命を変える方法

運命を変える方法を教えよう。不幸な運命を嘆き、呪うのを、今すぐ止める。そして、自分の運命を、かけがえのない個性と考えてみる。「重い病気になった。もうダメだ」でなく、「病気だから、人生を深く生きよう」「この病気を克服して、苦しむ人たちに勇気を与えよう」と決める。

苦しいときに、運命に支配されるか、運命を支配するかで、人生は一変する。運命を支配する人は、宿命を使命に変えていく。すると、みじめさが誇りに、憔悴《しょうすい》が充実に、悲観主義が楽観主義に変わる。そのうちに、運命そのものが変わってしまう。運命を支配する人は、不幸が逃げていく。

『道場神守護事《どうじょうしんしゅごのこと》』『妙心尼御前御返事《みょうしんあまごぜごへんじ》』

【日蓮のことば】

＊妙法蓮華経の妙の一字は竜樹菩薩《りゅうじゅぼさつ》の大論《だいろん》に釈して云く「能《よ》く毒を変じて薬と為す」と云云、天台大師の云く「今経に記を得る即ち毒を変じて薬と為すなり」と云云、災来るとも変じて幸と為らん（『道場神守護事』）。

＊このやまひは仏の御はからひかそのゆへは浄名経《じょうみょうきょう》涅槃経《ねはんぎょう》には病ある人仏になるべきよしとかれて候、病によりて道心はをこり候なり（『妙心尼御前御返事』）。

【現代語訳】

＊妙法蓮華経の妙の一字については、竜樹菩薩が『大智度論《だいちどろん》』に「よく毒を変じて薬とする」と解釈している。また、天台大師・智顗《ちぎ》は「（他人を助けない自己中心の知識人も）『法華経』で初めて成仏を予言された。すなわちこれは毒を変じて薬とするようなものである」といっている。災がきたとしても、それは変じて幸いとなるであろう。

＊この病は仏の御はからいだろうか。そのわけは、『浄名経』『涅槃経』に病がある人は仏になると説かれている。病によって仏道を求める心は起こるのである。

47

悲しみを突き抜ける力

人間が宗教を持つのは、悲しみが深いからである。鳥や虫は、鳴いても涙を流さない。人間は、鳴かないけれども涙を流す。世間の非情さに涙し、老いゆく親の背中に涙ぐみ、昨日笑顔で別れた相手の死に落涙し、愛する人との別れを惜しんで嘆《なげ》く。確実な安心はどこにもなく、夢と現実の区別もつかない。

悲哀に縛られた生のなかで、人は涙ながらに神や仏に祈る。それで、耐えがたい悲しみが癒《いや》される面もあろう。しかしながら、宗教の真髄は悲しむ人間を抱擁することだろうか。

神の宗教は、小さき人間を許すことで悲哀に安らぎを与える。これに対し、不思議な真理を奉じる仏教は、人間を不死の神にすることで悲哀を歓喜へと転じる。われわれに、悲しみを突き抜ける力を与える。

人間は悲しい。悲しいから宗教がある。だが、それだけなら悲しすぎる。

『諸法実相抄《しょほうじっそうしょう》』

【日蓮のことば】

鳥と虫とはなけどもなみだをちず、日蓮はなかねどもなみだひまなし、此のなみだ世間の事には非ず但偏《ひとえ》に法華経の故なり、若《も》しからば甘露《かんろ》のなみだとも云つべし、涅槃経《ねはんぎょう》には父母兄弟妻子眷属《けんぞく》にはかれて流すところの涙は四大海の水よりもををしといへども、仏法のためには一滴をもこぼさずと見えたり。

【現代語訳】

鳥と虫は泣いても涙を落とすことはない。日蓮は泣かないが、涙が暇なく流れ落ちる。しかし、この涙は世間の涙ではない。ただ、ひとえに『法華経』のゆえの涙である。もしそうであるなら、甘露の涙ともいえよう。涅槃経には「父母・兄弟・妻子・眷属に別れて流すところの涙は四大海の水よりも多いが、仏法のためには一滴をもこぼさない」と説かれている。

48

過去を変えられる宗教

宗教は人を改心させる。人の現在を変え、そこから未来を変えていく。仏教も同じだ。「業」の思想は、現在を善く生きることが未来に幸福をもたらす、と教えている。

だが、『法華経』の教えはそこにとどまらない。われわれの現在を変え、未来を変えるだけでなく、根源的な意味で過去も変えられると説く。時間と空間の根源、一切の善悪の根本――それを妙法蓮華経《みょうほうれんげきょう》という。妙法に自己を捧《ささ》げるなら、自分の過去からも自由になれる。『当体義抄《とうたいぎしょう》』

【日蓮のことば】

妙法蓮華の一法に十界三千の諸法を具足《ぐそく》して闕減《けつげん》無し之を修行する者は仏因仏果同時に之を得るなり。

【現代語訳】

妙法蓮華の一法に全宇宙の法を具《そな》えて一つも欠けるところがない。よって、この妙法蓮華を修行する者は、仏になる原因と結果とを同時に得るのである。

49

物心両面から地震の原因を考える

ある人が、地震を見て「大地が怒っている」と唱えた。すると、理性的な人は「迷信を信じるな。地震にはメカニズムがある」という。

どちらも偏《かたよ》ったものの見方だ。大地の怒りを人間の心が感じるのは、心が本来、大地まで広がっているからである。この世界は、無数の心が入り混じって作られている。しかしまた、大地は無常（永遠に変化するもの）の物質であって、生滅変化の理《ことわり》を免《まぬか》れない。地震のメカニズムは、無常のメカニズムでもある。

仏教では、このように心と物の両面から事象の本質に迫っていく。さらには、心と物の区別にもとらわれず、世界の統一的実在を把握する。

『白米一俵御書《はくまいいっぴょうごしょ》』『観心本尊抄《かんじんのほんぞんしょう》』『御義口伝《おんぎくでん》』

【日蓮のことば】

＊心すなはち大地（『白米一俵御書』）。

＊世間の無常は眼前に有り（『観心本尊抄』）。

＊色心《しきしん》不二《ふに》なるを一極と云うなり（『御義口伝』）。

【現代語訳】

＊心はすなわち大地である。

＊世間の無常は眼の前にある。

＊物質（色）と精神（心）が二つでないことを究極の真理と呼ぶ。

50

仏教に終末論はありえない

時間は、人間の区別への執着が生みだす観念である。区別するから、時間に過去・現在・未来があり、始まりと終わりがあると考える。だが、本当は始まりなくして終わりなく、終わりなくして始まりはない。始まりと終わりは一体不二《いったいふに》（異なっていても一体）の関係と、仏教では見る。

仏教は、それゆえ終末の思想を持たない。一つの世界が滅び、新たな世界が誕生する——これは区別主義の考え方である。滅んで滅びず。生まれて生まれず。苦あれば楽あり。区別の妄念を離れたとき、世界は永遠の浄土とわかる。

末世の今、人々は不安と危機に怯《おび》えている。だが、しかし、この世界を永遠の楽土と知った者は、漆黒の闇に煌々《こうこう》と地を照らす月のごとく、深刻な危機を大前進の力に変えていける。仏教は、決して衰退史観ではない。いわば強靭《きょうじん》な楽天史観が、末法思想の隠された本質である。

『観心本尊抄《かんじんのほんぞんしょう》』『題目功徳御書《だいもくくどくごしょ》』

【日蓮のことば】

＊今本時の娑婆《しゃば》世界は三災を離れ四劫《しこう》を出でたる常住の浄土なり仏既に過去にも滅せず未来にも生ぜず所化《しょけ》以て同体なり此れ即ち己心《こしん》の三千具足三種の世間なり（『観心本尊抄』）。

＊大事には小瑞《しょうずい》なし、大悪をこれば大善きたる、すでに大謗法《だいほうぼう》国にあり大正法《だいしょうぼう》必ずひろまるべし、各各なにをかなげかせ給うべき、迦葉尊者《かしょうそんじゃ》にあらずともまいをもまいぬべし、舎利弗《しゃりほつ》にあらねども立つてをどりぬべし、上行菩薩《じょうぎょうぼさつ》の大地よりいで給いしにはをどりてこそいで給いしか（『題目功徳御書』）。

【現代語訳】

＊今、『法華経』後半部における娑婆世界は、三災に侵されることもなく、成・住・壊・空の四つのサイクルを超えた常住の浄土である。仏は過去にも滅したことはなく、未来に生じることもない。その仏に導かれた衆生《しゅじょう》も仏と同体で常住である。これがすなわち、我が心に具《そな》える世界、また三種類の現象世界なのである。

＊大事の前に起きるのは小さな前触れではない。大悪が起これば大善がくる。すでに大きな過ちが国に充満しているのだから、正しい大真理が必ず弘まるだろう。何を嘆くことがあろうか。迦葉尊者でなくても舞を舞うべきである。舎利弗でなくても立って踊るべきである。上行菩薩が大地からでたときには踊りでられたのだ。

第六章

死をめぐって

51

人生の本当の思い出は永遠の追求

この人生は、一夜の仮の宿である。あっという間に過ぎ去ってしまう。風のような人生のなかで、少しばかり名声や富を得ても、夢のなかの出来事と同じだ。最後は、ただ生きた痕跡が残り、あれほど惜しんだ命は露と消え、火葬場の煙となって虚空に散る。

本当に永遠の楽しみはどこにあるのか。それを追求して語り合うことだけが、人間として生きた本当の思い出になる。

『持妙法華問答抄《じみょうほっけもんどうしょう》』

【日蓮のことば】

生涯幾《いくば》くならず思へば一夜のかりの宿を忘れて幾くの名利《みょうり》をか得ん、又得たりとも是れ夢の中の栄へ珍しからぬ楽みなり……寂光《じゃっこう》の都ならずは何くも皆苦なるべし本覚《ほんがく》の栖《すみか》を離れて何事か楽みなるべき……須《すべか》らく心を一にして南無妙法蓮華経と我も唱へ他をも勧《すすめ》んのみこそ今生人界の思出なるべき。

【現代語訳】

人間の一生はあっという間だ。一夜の仮の宿のごとき生涯であることを忘れて、どれだけの名誉や利益を得ようとするのか。また、得たといっても夢のなかの栄華のようなもので、たいした楽しみではない……悟りの世界の外は、どこも皆、苦しみの世界である。悟りの境地を離れて、何事が楽しみとなろうか……心を集中して妙法という悟りの真理を自分自身が実践し、他人にも勧める。これこそ人間として生まれてきた思い出となるのである。

52

死者とともに生きている

死者は、あなたの心とともに生きている。

心という大宇宙のなかで、いつもあなたと対話している。

あなたの喜びは、死者の心を軽くする。

あなたの悲しみは、死者の心を重くする。

だから、あなたが幸せになることが、死者への最高の供養となる。

また、死者が幸せにならなければ、私たちも幸せにはなれない。

死者とともに生きている、という真実も知らず、現世主義的な頭で人生を考えるのは、あまりに浅はかである。


『盂蘭盆御書《うらぼんごしょ》』

【日蓮のことば】

目連が色身は父母の遺体なり目連が色身仏になりしかば父母の身も又仏になりぬ。

【現代語訳】

目連（釈迦の十大弟子の一人）の身体は、亡き父母の遺体である。だから、目連の身が仏になったことで、死んだ親もまた成仏したのである。

53

食べることは
命と命が生かし合う営み

宇宙は、すべてを生かそう生かそうと動いている。これを仏教で「慈悲」と呼ぶ。殺すことも、生かすことに通じる。われわれが動物や植物を食べる。そのとき、命が奪われる。だが同時に、殺された命がわれわれの血肉となって蘇《よみがえ》る。食べることは、命と命の生かし合いである。だから、「食べる者」は「食べられた者」に感謝し、自分自身の生を精一杯生きていくのが正しい。

『日妙聖人御書《にちみょうしょうにんごしょ》』『三世諸仏総勘文教相廃立《さんぜしょぶつそうかんもんきょうそうはいりゅう》』

【日蓮のことば】

＊瓦礫に金銀をかへんに是をかえざるべしや我れ徒《いたずら》に此の山にして死しなば鴟《し》梟《きょう》虎《こ》狼《ろう》に食はれて一分の功徳なかるべし、後の八字にかえなば糞を飯にかふるがごとし（『日妙聖人御書』）。

＊草木皆悉《ことごと》く実成熟して一切の有情《うじょう》を養育し寿命を続き長養し終に成仏の徳用を顕す（『三世諸仏総勘文教相廃立』）。

【現代語訳】

＊瓦や礫《こいし》が金銀に換えられるなら、これを換えないことがあろうか。私（雪山童《せっせんどう》子《じ》）が無駄にこの山で死ぬならば、フクロウや虎や狼《おおかみ》に食われて少しの功徳もない。わが身を飢えた鬼神に食物として捧げ、代わりに悟りのことばを得るなら、糞を飯に換えるようなものだ。

＊草木は皆成熟して果実を結び、一切の生き物の食べ物となって命を養い、ついに成仏の働きを表すのである。

54

命の使い方とは何か

魚は毎日、食べ物を求めて水のなかを泳ぎ回る。あげく食べ物欲しさに釣り餌に引っかかり、あえなく命を落とす。鳥は、捕獲されるのを恐れて木の上に住むけれど、食べるために地面に降りてワナにかかる。

生きることは食べること。命をかけても食べ続けるしかない。これが生き物の定めだ。人間だけは違うか。そうともいい切れない。人間が命がけで追い求めるもの——金、異性、権力、地位、名声など——は、食の延長線上にある。食は最も基本的な生存欲の現れであり、この基本の生存欲が発展して権力欲や名誉欲などになっていく。だから、われわれの人生も案外、鳥や魚と変わらない。異性のために破滅したり、権力闘争のために命を落としたりするのは、釣り餌にバカされて命を失う魚と、どこがどう違うのか。

人間が動物的生活から一歩抜けだそうとするなら、命の使い方を学ぶに限る。文化や芸術を愛し、学問を好むのは、人間らしい命の使い方である。主体的に他者に尽くす人生は、もっと素晴らしい。究極は、宗教を求めて真理に命を捧《ささ》げることだ。

『富木入道殿御返事《ときにゅうどうどのごへんじ》』

【日蓮のことば】

魚は命を惜む故に池にすむに池の浅き事を歎《なげ》きて池の底に穴をほりてすむしかれどもゑにばかされて釣をのむ鳥は木にすむ木のひきき事をおじて木の上枝にすむしかれどもゑにばかされて網にかかる、人も又是くの如し世間の浅き事には身命を失へども大事の仏法なんどには捨る事難し故に仏になる人もなかるべし。

【現代語訳】

魚は、命を惜しむゆえに池が浅いのを嘆き、池の底に穴を掘って棲《す》んでいる。だが、餌にだまされて釣り針を呑《の》んでしまう。鳥は、棲みかとする木が低いことを恐れ、木の上の枝に棲んでいる。しかし、餌にだまされて網にかかってしまう。人もまた同じである。世間の浅いことに命を失っても、大事な真理のためには命を捨てることが難しい。だから、最高の仏になる人もいないのである。

55

地獄はすぐそこにある

地獄を、何か別世界のように考えていないだろうか。そんなことはない。家から外にでれば、小鳥が鷹《たか》につかみ殺され、ねずみが猫に首を引きちぎられている。虫たちを見ると、もっとひどい。鋭い手足でつかみあい、食べて食べられる。雄を食べる雌、親を殺す子ども、子どもを殺す親。小さな虫は大きな虫に害され、その大きな虫も鳥の嘴《くちばし》で切り裂かれる。休みなく動き回り、あっけなく人間に踏みつぶされるアリたち。いったい何のために働き続けたのか。それすら考えることもない。

以上を、われわれと無関係な世界と思うのは自由である。しかし、経験的でなく直観的に思索を重ねた聖者は、戦慄すべき事実を知っていた。この哀れな動物や虫たちは、じつは遠い昔、われわれと同じ人間であった、と。

地獄の世界は、すぐそこにある。そう実感できれば、人間は今の貴重な生を無駄にできないはずだ。

『主師親御書《しゅししんごしょ》』『種種御振舞御書《しゅじゅおんふるまいごしょ》』

【日蓮のことば】

＊其の中の罪人は互に常に害心をいだけりもしたまたま相見れば猟師が鹿にあへるが如し各各鉄の爪を以て互につかみさく血肉皆尽きて唯残つて骨のみあり或は獄卒《ごくそつ》棒を以て頭よりあならうらに至るまで皆打ちくだく身も破れくだけて猶沙《なおいさご》の如し（『主師親御書』）。

＊此の娑婆《しゃば》世界にしてきじとなりしときはたかにつかまれねずみとなりしときはねこにくらわれき、或はめこのかたきに身を失いし事大地微塵より多し（『種種御振舞御書』）。

【現代語訳】

＊地獄のなかの罪人たちは互いに相手を殺そうと思っている。顔を合わせれば、猟師が獲物の鹿を見つけたようになり、それぞれ鉄の爪を使って相手を噛《か》み割き、血も肉もなくなって骨だけになる。あるいは、地獄の悪鬼が罪人の頭から足の裏まで、ことごとく棒で打ち砕く。罪人の体は破裂し、砕け散って砂のようになってしまう。

＊この地球においてキジとなったときは鷹につかまれ、ねずみとなったときは猫に食われた、あるときは妻や子の敵のために命を失った、そのような事は大地の微塵《みじん》のような土の数よりも多い。

56

理性的に生命を裁くのはおかしい

Aが多くの人を殺した。彼は国家に裁かれ、死刑となる。命に対しては、命をもって償うしかない。確かに公正な判断である。

しかしながら、生命を裁くには、本来、生命を超えた権威が必要となる。裁く側の国家は、われわれの生命以上の存在か。そうでないなら、いったい誰が、上から生命を裁くのか。

公正さというのは、理性の審判である。つまり、死刑とは、理性が生命を裁くことにほかならない。理性が生命以上の権威を持ち、一つの命をこの世から消すわけだ。けれども、よく考えると、理性の根源は生命であろう。そこには、何か大きな錯覚があるように思える。

『白米一俵御書《はくまいいっぴょうごしょ》』

第六章　死をめぐって

【日蓮のことば】

いのちと申す物は一切の財の中に第一の財なり、遍満三千界無有直身命《へんまんさんぜんかいむうじきしんみょう》ととかれて三千大千世界にみてて候財もいのちにはかへぬ事に候なり。

【現代語訳】

命というものは一切の財産のなかで第一の財産である。「三千界に遍満するも、身命に直《あた》いするもの有ること無し」と説かれて、たとえ十億個分の世界に満ち溢《あふ》れた財であっても、一つの命に代えることはできない。

57

理性は死後のことを知らない

理性は、われわれが生まれる前と、死んだ後のことを何も知らない。情報は、今の生に限定されている。

ところが、生命は過去と未来の生を直《じか》に体感している。生まれ落ちた境遇に過去の生を背負い、臨終の表情に未来の生を映す。生命の情報には始まりも終わりもない。

死後のことを知らない理性に、生命の真実がわかるだろうか。

『妙法尼御前御返事《みょうほうあまごぜごへんじ》』

【日蓮のことば】

先《まず》臨終の事を習うて後に他事を習うべし。

【現代語訳】

まず「死ぬ」という根本問題を解決し、それから他の色々な学問を学ぶべきである。

58

永遠なのは心に残る仕事だけ

職場で出世する。大きな組織を作り上げる。政治家になる。立派な著作を残す。これらは皆、うわべの事業にすぎず、永遠には残らない。死んだら、〈私〉という個人はバラバラになり、どこにもいなくなる。そんな、はかない〈私〉が得た名声や業績を誇って何になろう。

死後の〈私〉は、もはや今の〈私〉を認識できない。永遠に肌身離さず、持っていけるのは、結局「心」だけである。心は、いつも自分とともにある。また自分の心は、あらゆる人々の心と結び合い、永遠に朽《く》ち果てない。

それだから、心に残る仕事は永遠である。外見上の成果でなく、心が心に及ぼした力こそが、永遠に残る仕事なのだ。

『千日尼御前御返事《せんにちあまごぜごへんじ》』

第六章　死をめぐって

【日蓮のことば】

我等は穢土《えど》に候へども心は霊山に住べし、御面を見てはなにかせん心こそ大切に候へ。

【現代語訳】

われわれは汚れた世界にいるが、心は一緒に清らかな理想郷に住んでいる。お顔を見たからといって何になろう。心こそ大切である。

59

肉体は永遠に存続する

精神と肉体は明らかに違う。それゆえ、宗教家や哲学者たちは、精神が肉体と違って死後も存続すると唱えた。

だが、死後も存続するのは精神だけではない。肉体もまた存続する。髪や爪など、血の通わない物質も自分の肉体である。それと同じく、あらゆる物質が自分の身体なのだ。宇宙に物質がある限り、われわれの肉体は存続している。

『三世《さんぜ》諸仏《しょぶつ》総勘文《そうかんもん》教相《きょうそう》廃立《はいりゅう》』

【日蓮のことば】

本覚《ほんがく》の如来は十方法界を身体と為し十方法界を心性と為し十方法界を相好と為す。

【現代語訳】

ありのままの人間は全宇宙を身体とし、全宇宙を心とし、全宇宙を姿形とする。

第七章

本当の宗教とは

60

「癒し」は初期治療でしかない

立ち上がれないほど打ちのめされた人に「頑張れ」としかいわなくてよいのか。それは、確かに無慈悲なことだ。とりわけ宗教者は、他人と苦しみを分かち合い、「癒し」の手をさしのべなければならない。

ただし、同苦《どうく》（同じ苦しみを共有すること）と癒しは、あくまでも初期治療。最終的には、頑張れない人に「頑張る力」を与えるのが、真の信仰である。まともな宗教は、人に命の底から力をださせ、本物の自立をうながす。

『法華経題目抄《ほけきょうだいもくしょう》』

【日蓮のことば】

妙《みょう》とは蘇生の義なり蘇生と申すはよみがへる義なり……法華経は死せる者をも治するが故に妙と云ふ釈なり。


【現代語訳】

妙には蘇生の意義がある。蘇生とは蘇《よみがえ》るということである……『法華経』は死んだ者まで蘇らせるから「妙」と名づけると、妙楽大師湛然《たんねん》は解釈している。

61

人間こそが宗教を生みだした

宗教が人に命令する。宗教の前に人が跪《ひざまず》く。宗教裁判や宗教戦争の悲劇は、ここに起因している。

われわれは、人間が宗教を生みだした、という明白な事実をなぜ直視できないのか。宗教を作る人間の側に本物の神がいることが、どうしてわからないのだろうか。

『諸法実相抄《しょほうじっそうしょう》』

【日蓮のことば】

凡夫《ぼんぷ》は体の三身《さんじん》にして本仏ぞかし、仏は用の三身にして迹仏《しゃくぶつ》なり、然《しか》れば釈迦仏は我れ等衆生《しゅじょう》のためには主師親《しゅししん》の三徳を備へ給うと思ひしに、さにては候はず返つて仏に三徳をかふらせ奉るは凡夫なり。

【現代語訳】

われわれ人間こそが根本の仏である。きらびやかな姿の仏は本体の働きの体現者にすぎず、あくまで仮の仏である。したがって、釈迦仏が人間のために主君、師匠、親の徳を備えられていると思っていただろうが、そうではない。かえって仏を仏たらしめているのは、われわれ人間なのだ。

62

仏教に〝上から目線〟はない

金色の仏具が眩《まぶ》しい寺院の本堂。頭を剃《そ》り上げた高僧が絹の衣をなびかせ、古式ゆかしく高座から説教を垂《た》れる。「救ってあげる」という〝上から目線〟が、さも仏の慈悲であるかのように。

粗末な衣をまとい、裸足で各地を歩き、いく先々で「友よ！」と親しく呼びかけ、人々の苦しみに寄り添った仏教の祖・釈迦《しゃか》。その面影は、後の伽藍仏教《がらんぶっきょう》（建造物が豪華な仏教）のどこにもない。

そもそも、一切は「空」ゆえに平等、と教える仏教者が〝上から目線〟とはどういうことか。「空」の真理の前では、救う人も救われる人もない。仏は、自分自身に語りかける思いで法を説く。いわゆる「方便」の教えも、高みから降りて相手のレベルに合わせるのではない。むしろ相手の心をわが心とし、同じ目線で語り合うから方便を用いるのだ。それはまた、徹して相手の自律性を重んじる行為でもある。本当の仏教はパターナリズム（温情主義）ではない。

『法華経《ほけきょう》』方便品《ほうべんぼん》、『一代聖教大意《いちだいしょうぎょうたいい》』

【『法華経』と日蓮のことば】

＊我が如く等しくして異なること無からしめん（『法華経』）。

＊他力も定めて他力に非ず他仏も我等凡夫《ぼんぶ》の自具なるが故に（『一代聖教大意』）。

【現代語訳】

＊すべての人を私（釈迦《しゃか》）と同等に、異なることがないようにさせたい

＊他力も単なる他力ではない。われわれのなかに具《そな》わる仏が助けてくれるのだから、その他力は自力でもある

63

すぐれた宗教は最高に便利

念願のわが家を建てるとしよう。自分の手で家を作りたくて、建築や大工仕事を一から勉強する人もいる。しかしふつう、そんな手間暇はかけていられない。経験豊かな建築家や職人に頼み、家を建ててもらうのが、一番手っ取り早い。よき建築家を信頼して任せれば、その人が何十年もかけて習得した知識と技能を、そっくり頂戴するのと同じことだ。

宗教に関しても、この原理は変わらない。聖者の悟りは、一朝一夕では得られない。長年、場合によっては何度も生まれ変わっての修行が必要となる。それでは絶望的だから、慈悲深い宗教者は、自分が悪戦苦闘して得た成果を惜しみなく皆に与える。聖者の修行の到達点が、一般人の修行の出発点となるように、信仰の作法を定める。すぐれた宗教ほど、われわれに便利なものはない。私（日蓮）は、その意味から、皆に「南無妙法蓮華経」を唱えよと勧めている。

『報恩抄《ほうおんしょう》』『観心本尊抄《かんじんのほんぞんしょう》』

【日蓮のことば】

＊仏法を習い極めんとをもはばいとまあらずば叶《かな》うべからず（『報恩抄』）。

＊釈尊の因行果徳《いんぎょうかとく》の二法は妙法蓮華経の五字に具足す我等此の五字を受持《じゅじ》すれば自然《じねん》に彼《か》の因果の功徳を譲り与え給う、四大声聞《しだいしょうもん》の領解《りょうげ》に云く「無上宝聚不求自得《むじょうほうじゅふぐじとく》」云云（『観心本尊抄』）。

【現代語訳】

＊悟りの真理を習い極めるには、修行に専念する時間がないと無理である。

＊釈迦が過去に行った果てしなき修行、そして釈迦仏の広大な救済の徳は、すべて妙法蓮華経の五字に納まっている。われわれは、この五字の題目を受け保つだけで、釈迦仏が苦労して得た仏の徳を自然に譲り与えられる。それは、これ以上ない宝物を自ら求めずして得るようなものである。

64

「『法華経』が第一」とは「すべてが平等」の意味

あらゆる宗教のうちで、『法華経』の信仰が最高である——。そういうと、決まって「独善的な信仰はよくない」「排他的だ」と批判が起きる。

ちょっと待ってほしい。批判者は、本当に『法華経』のメッセージを知っているのか。『法華経』は「すべては平等に尊い」と説く経典である。「特別なものは何もない」と宣言した『法華経』だからこそ「特別」に尊重すべきなのだ。

徹底した平等を唱える『法華経』が、差別観を持った宗教を論破してこそ、一切の宗教の平等性が明らかになる。「『法華経』が第一」とは「すべてが平等」の意味にほかならない。

『一代聖教大意《いちだいしょうぎょうたいい》』

【日蓮のことば】

相待妙《そうだいみょう》の意は前の四時の一代聖教《いちだいしょうぎょう》に法華経を対して爾前《にぜん》と之を嫌い、爾前をば当分と言い法華を跨節《こせつ》と申す、絶待妙《ぜつだいみょう》の意は一代聖教は即ち法華経なりと開会《かいえ》す。

【現代語訳】

相待妙とは、他の経典と比較相対して『法華経』のほうが深い（妙）と判定することをいう。だが、『法華経』の妙にはもう一つ、絶待妙の意味もある。絶待妙とは、釈迦が説いた一切の経典も『法華経』と何ら違いがないとし、『法華経』の究極性を他のすべての経典に開いていける、そのような思想の深さをいう。

65

世間の一流からこそ仏法を学ぶ

一流の人物であるほど、事物の根源に達して宇宙的である。
その人の心は広く、人間を差別しない。
その人の仕事は、宇宙的ゆえに皆を感動させる。
一流の人物に学ぶのは、すなわち仏法を学ぶことである。

『観心本尊抄《かんじんのほんぞんしょう》』

【日蓮のことば】

尭舜《ぎょうしゅん》等の聖人の如きは万民に於て偏頗《へんぱ》無し人界の仏界の一分なり。

【現代語訳】

中国古代の堯王や舜王が万民に対して偏《かたよ》る心なく平等に善政を行ったことは、人間の命に具《そな》わる仏の命が部分的に現れたものである。

66

未完成の完成とは

究極の悟りには始まりも終わりもなく、それゆえ完全も不完全もない。仏の悟りを最後の到達点と思ってはならない。悟りを求める心がすでに悟りなのだ。「悟らずに悟る」のが信仰の極意である。これを「未完成の完成」と呼ぶ。

『百六箇抄《ひゃくろっかしょう》』

【日蓮のことば】

仏は本因妙《ほんにんみょう》を本と為し所化《しょけ》は本果妙《ほんがみょう》を本と思えり。

【現代語訳】

仏はいつも前進しているが、修行中の人は仏が完成して動かないものと錯覚している。

67

折伏《しゃくぶく》は人権闘争なのである

「仏」は、完全に自由で自立した人間である。また、一切を平等に見て、全生物の連帯を願う。

自由、平等、連帯、ひいては民主、寛容、平和、自然の尊重等々、あらゆる人権の理念は、仏教のエッセンスと響き合う。万人を仏と見て深く尊敬する『法華経』は、なかんずく「人権の経典」といえる。

ところが、その『法華経』を見下したり、不用視したりする宗教がある。私（日蓮）は、こうした宗教と戦い、道理に基づき批判する。人権の経典を護《まも》るために、反人権の宗教を弾劾する。私の宗教批判＝折伏《しゃくぶく》は人権闘争なのだ。

『顕仏未来記《けんぶつみらいき》』

【日蓮のことば】

威音王仏《いおんのうぶつ》の像法《ぞうぼう》のとき不軽菩薩《ふきょうぼさつ》我深敬《がじんきょう》等の二十四字を以て彼の土に広宣流布し一国の杖木《じょうもく》等の大難を招きしが如し、彼の二十四字と此の五字と其の語殊《こと》なりと雖《いえど》も其の意是れ同じ。

【現代語訳】

遠い昔、威音王仏という仏が死んだ後に不軽菩薩が世にでて「私は深くあなた方を敬います。絶対に軽く見ません。なぜなら、あなた方は皆、本当は菩薩であって将来は尊い仏になられるからです」という意味の二十四文字のことばを唱え、国中の人々から杖や棒で叩かれ、大変な迫害を受けた。私（日蓮）の折伏《しゃくぶく》も、これと同じく人間を尊敬する実践なのだ。不軽菩薩の二十四文字のことばと妙法蓮華経の五文字とは、表現は異なるけれども、本意は同じである。

68

見識なき信仰は破滅へ進む

薬のしくみを知らなくても、薬を信じて飲めば効果がある。これと同じで、意味がわからなくとも、祈りのことばを信じて唱えれば救われる。ただし、薬にしくみがあるように、祈りのことばにもわけがある。うっかり毒薬を飲まされたら、たまったものではない。しっかりした見識がないと、信仰は破滅への門となる。だから、信仰には人間性や知性の練磨も大事である。

『諸法実相抄《しょほうじっそうしょう》』

【日蓮のことば】

行学《ぎょうがく》の二道をはげみ候べし、行学たへなば仏法はあるべからず。

【現代語訳】

修行と学問の二つの道に励みなさい。それらが絶えてしまえば仏法はないのである。

69

地獄の底まで信念を貫く

信仰のためなら、たとえ地獄の底までいってもかまわない。師に従い、どこへいこうが、どんな目に遭《あ》おうが、微塵《みじん》も後悔はしない――。こうした宗教者の覚悟には「放棄」と「信念」の二様がある。

「放棄」の覚悟は、地獄の底に堕《お》ちても決して文句をいわない、と自分を放棄する覚悟である。これに対し、「信念」の覚悟とは、地獄の底さえも浄土に変えてみせる、と自分を信じ切る覚悟である。両者の信仰は、似ているようで、全く違う。

『崇峻天皇御書《すしゅんてんのうごしょ》』

【日蓮のことば】

設《たと》い殿の罪ふかくして地獄に入り給はば日蓮をいかに仏になれと釈迦仏こしらへさせ給うとも用ひまいらせ候べからず同じく地獄なるべし、日蓮と殿と共に地獄に入るならば釈迦仏法華経も地獄にこそをはしまさずらめ。

【現代語訳】

もし、あなたの罪が深くて地獄に堕《お》ちるようなことがあれば、「日蓮よ、仏になれ」と、どんなに釈迦仏が誘っても応じることはない。私（日蓮）は、あなたと同じ地獄にゆく。私とあなたが一緒に地獄に入るならば、釈迦仏も『法華経』も、地獄にこそおられるに違いない。

第八章

真理を求めるには

70

理論は信じるためにある

理論は、何かを心から信じるためにある。科学や哲学も、より深い信仰のためにあるといえよう。

わかることで真理に近づき、信じることで真理と一体になる。わかるだけでは真理に到達できない。

『法華経題目抄《ほけきょうだいもくしょう》』

【日蓮のことば】

たとひさとりあるとも信心なき者は誹謗闡提《ひぼうせんだい》の者なり。

【現代語訳】

たとえ悟りがあっても、信じる心がないのは、真理に背《そむ》く哀れな人である。

71

信と疑は切り離せない

学問は疑うこと、宗教は信じることである。といっても、信なく疑のみの学問は邪道であり、疑なく信のみの宗教は盲目となろう。信あって疑あり。疑あって信あり。信と疑は、相互に依存しなければ成り立たない。

この道理を知って、学問は疑から信へ、宗教は信から疑へ、と進むべきである。もっとも、一切の知識は信じることが前提となるから、学問といえども信を基盤に置かないと健全ではない。

『御義口伝《おんぎくでん》』

【日蓮のことば】

信の処に解あり解の処に信あり然《しか》りと雖《いえど》も信を以て成仏を決定するなり。

【現代語訳】

信じれば理解し、理解すれば信じる。けれども根本的には、信じることですべてが決まる。

72

祈りのことばは
思考の限界のさらに先にある

祈りのことばは呪文か、それとも神の声か。理性に反していれば呪文、理性を超えていれば神の声である。呪術的でない祈りのことばは、思考の限界の先に現れる不思議でなくてはならない。

『義浄房御書《ぎじょうぼうごしょ》』

【日蓮のことば】

法華経の功徳と申すは唯仏《ゆいぶつ》与仏《よぶつ》の境界《きょうがい》十方《じっぽう》分身《ふんじん》の智慧《ちえ》も及ぶか及ばざるかの内《ない》証《しょう》なり、されば天台大師も妙の一字をば妙とは妙は不可思議と名《なづ》くと釈し給いて候なるぞ。

【現代語訳】

『法華経』の功徳は、ただ仏と仏とのみが究められた境界である。全宇宙に散らばる釈迦の分身の智慧でも及ぶかどうか、といった仏の内心の悟りである。よって、天台大師の智顗《ちぎ》も、妙法蓮華経の妙の一字を「妙とは妙は不可思議と名づける」と解釈されている。

73

経典は「そのとおり」と読む

経典の読み方を教えよう。

真理をつかむために経典を読む。「何だろう」「何をいいたいのか」と読んだとする。これは邪道だ。教えの密林のなかで、道に迷うことになる。

つかんだ真理を確かめるために経典を読む。「そのとおり」「やはりそうか」と読む。これこそ王道である。経典は、人間の思考を超えた真理を説く。だから、人間の思考に従って読んでも意味がない。真理の確認として経を読む場合にのみ、経典は正しく理解できる。

なお、自分自身で真理をつかまなくても、真理をつかんだ聖者の読み方に従えば間違いはない。

『善無畏三蔵抄《ぜんむいさんぞうしょう》』

【日蓮のことば】

日蓮は安房《あわ》の国・東条の郷・清澄山の住人なり、幼少のときより虚空蔵菩薩《こくうぞうぼさつ》に願を立てて云く日本第一の智者となし給へと云云、虚空蔵菩薩眼前に高僧とならせ給いて明星の如くなる智慧《ちえ》の宝珠を授けさせ給いき、其のしるしにや日本国の八《はっ》宗《しゅう》並びに禅宗念仏宗等の大綱粗《ほぼ》伺ひ侍《はべ》りぬ。

【現代語訳】

日蓮は安房の国・東条の郷にある清澄山の住人である。幼少のときから虚空蔵菩薩に願いを立て「日本第一の智者にしてください」と祈ったところ、虚空蔵菩薩が眼前に高僧となって現れ、明星のような智慧の宝珠を授けてくださった。その証拠であろうか、日本国の八宗並びに禅宗・念仏宗などの教義の大綱をほぼうかがい知ることができた。

74

「区別すること」は悪くない

物事を区別する二分法の思考にとらわれては、世界の真実を知ることができない。

だが、物事を区別しなければ、世界の真実には迫れない。

最高の真理は、最高の区別を前提とし、それを超えている。

区別が精妙であればあるほど、区別を超えた不思議さが際立つ。

真理への道は、二分法を嫌わず、二分法を超えることだ。

『一生成仏抄《いっしょうじょうぶつしょう》』

【日蓮のことば】

起るところの一念の心を尋ね見れば有りと云はんとすれば色も質もなし又無しと云はんとすれば様様に心起る有と思ふべきに非ず無と思ふべきにも非ず、有無の二の語も及ばず有無の二の心も及ばず有無に非ずして而も有無に偏して中道一実《ちゅうどういちじつ》の妙体《みょうたい》にして不思議なるを妙とは名《なづ》くるなり。

【現代語訳】

今、自分自身に起こっている瞬間の心を調べてみよう。「有る」といおうとすると、色も形もない。「無い」といおうとすると、さまざまに心が起こっている。「有る」と思うべきでもなく、「無い」と思うべきでもない。「有る」「無い」という二つのことばも及ばない、あるいは「有る」「無い」と思う二つの心も及ばない。「有る」でもなく「無い」でもないのに、しかも「有る」と「無い」に偏《かたよ》っている。このような中道が唯一の真実であり、不思議なので「妙」と名づけるのである。

75

ことばにできない真理であっても ことばにできる

最も深い真理は、とてもことばに表現できない――このような考え方は、まだ一面的である。どんなことばもあてはまらないのなら、「ことばにできない」ということばもあてはめてはならない。ことばにするのも、ことばにしないのも、自由自在なのが、最も深い真理なのだ。本当の聖者は、真理の不思議さを説いてやまず、同時にそれを簡明なことばでも呼び表す。「南無妙法蓮華経」とは、そうした真理のことばである。

『持妙法華問答抄《じみょうほっけもんどうしょう》』

【日蓮のことば】

言語道断の経王《きょうおう》心行《しんぎょう》所滅《しょうめつ》の妙法なり。

【現代語訳】

ことばで表現できない真理の王であり、どんな考えも及ばないところにあるのが妙法である。

76

真理は生きている

究極の真理とは何か。それは、〈動き〉である。いかなる真理をも超えようとする〈動き〉それ自体が、究極の真理である。〈動き〉としての真理は、生きた真理にほかならない。世界の根源は、間違いなく生きている。これを、宇宙の生命と呼んでもよいだろう。

『三大秘法禀承事《さんだいひほうぼんじょうじ》』『御義口伝《おんぎくでん》』

【日蓮のことば】

＊寿量品《じゅりょうほん》に建立《こんりゅう》する所の本尊は五百塵点《ごひゃくじんてん》の当初《そのかみ》より以来《このかた》此土《しど》有縁《うえん》深厚《じんこう》本有《ほんぬ》無作《むさ》三身《さんじん》の教主釈尊《きょうしゅしゃくそん》是れなり（『三大秘法禀承事』）。

＊自受用身とは一念三千なり（『御義口伝』）。

【現代語訳】

＊『法華経』の如来寿量品に従って建立する御本尊とは、永遠の昔より、われわれ人間の世界に深くかかわってきた、元々からの仏で自在な救済者・釈迦仏がこれである。

＊自由自在なる仏の身は、そのまま一念三千の真理である。

77

『法華経』は真理の芸術である

無味乾燥な論理だけでは、存在の豊かさを十分に表現できない。学者はそこでレトリックを用い、せめて具体的なイメージを伝えようとする。もっとも、究極の真理を語るときには、そのような「ぎこちなさ」も解消されよう。論理はそのままレトリックになり、レトリックがそのまま論理となるからだ。『法華経』に見られる七つの譬喩《ひゆ》などは、論理とレトリックが自在に融合した、真理の芸術である。

『当体義抄《とうたいぎしょう》』

【日蓮のことば】
此の七喩《しちゆ》は即ち法体法体《ほったい》は即ち譬喩《ひゆ》なり、故に譬喩の外に法体無く法体の外に譬喩無し

【現代語訳】

『法華経』にでてくる七つの喩《たと》え話は、そのまま真理の表現である。喩えのほかに真理はなく、真理のほかに喩えがあるわけでもない。

78

神のことばは心の世界で読め

ここに、神のことばを記した書物がある。本当に神のことばなのか。文献学者は、書物の由来を丹念に調べ上げる。思想家は、神のことばにふさわしいかどうか、内容を吟味する。いずれも、物事を頭で考える人たちのやり方である。

信仰の人はしかし、頭を動かす根本の心ですべてを決める。心の世界で神と直接に対話し、あるいは自分が神の眼となり、記された神のことばを吟味する。煎じつめれば、神自身が神のことばかどうかを決めるわけだ。これほど確実な話はない。

神のことばの真偽については、学者の見識もそれなりに重要だが、根本的には透徹した信仰者の心で見極めねばならない。

『四条金吾殿御返事《しじょうきんごどのおへんじ》』

【日蓮のことば】

法華経の文字を拝見せさせ給うは生身の釈迦如来にあひ進《まい》らせたりとおぼしめすべし。

【現代語訳】

『法華経』の文字を拝見するのは、生きた釈迦仏にお会いするのと同じことだと思いなさい。

第九章

政治はどうあるべきか

79

民衆は政治家の親である

民衆に、天下国家のことなどわからない。だから、うまく指導するしかない。政治家はそう考えがちだ。

だが、政治家の卓越した見識といっても、人間の「生きる」営みから生じている。そして、「生きる」ということの実像は民衆の生活にほかならない。

民衆は、政治家にとって故郷の父母である。政治家たちよ、民衆に「親孝行」せよ。成長した息子が老いた親を大事にするように、民衆を導きながらも心から喜ばせよ。

『九《く》郎《ろう》太《た》郎《ろう》殿《どの》御《ご》返《へん》事《じ》』

【日蓮のことば】
王は民を親とし民は食を天とす。

【現代語訳】
立派な政治家は民衆を自分の親のように大切にし、民衆は食べ物を天のように大事にする。

80

体制よりも人間を大事にせよ

民主的な政治体制であっても、人心が堕落すれば不正義がまかりとおる。「法の支配」というのは美しい幻想だ。法の制度は、人間が都合よく解釈したり、悪用したり、改悪したりできる。

だから逆に、封建的な体制でも、人間によって正義は行われうる。民を愛する王なら、少なくとも国民の生存権は必死に護《まも》ろうとするだろう。

体制よりも人間が大事である。いかなる体制であれ、正義に向かうことはできる。この世に完全な正義が存在しない以上、正義に向かう社会こそ、正義の社会というべきではないか。

『四条金吾殿御返事《しじょうきんごどのごへんじ》』

【日蓮のことば】

善悪に付《つけ》て国は必ず王に随《したが》うものなるべし。

【現代語訳】

善につけ悪につけ、国家は必ず為政者によって左右される。

81

自他共の幸福とは

『法華経』が謳《うた》うのは「自他共の幸福」である。といっても、これは政治的なイデオロギーではない。むしろ、あらゆるイデオロギー的なこだわりを捨てたところに生じている。

自分にもこだわらず、他人にもこだわらず、共同体にもこだわらない。そうした柔軟性ゆえに、自分も、他人も、共同体も、すべてが大事になってくる。

したがって、「自他共の幸福」という『法華経』的理念は、修正リベラリズムとか共同体主義とかいった分類にはなじまない。『法華経』の幸福論には、何のこだわりも存在しない。


『御義口伝《おんぎくでん》』

【日蓮のことば】

自他共に智慧《ちえ》と慈悲と有るを喜《き》とは云うなり。

【現代語訳】

真の喜びとは、自他共に智慧と慈悲を持つことである。

82

ナショナリズムは弱者の宗教である

ナショナリズムは弱者の宗教である。信じられるものがなく、自分に自信も持てない。何より死が怖い。そんな人間がすがりつくのが〝不死の国家〟という幻想である。不安の果てに国家が自己の宗教となる。だから、ニヒリストがファシストになったりする。

死の峰を超えた信仰の人には、彼らとは違った愛国心がある。信仰者は、強きゆえに国家を見下ろす。慈愛のゆえに国家を指導し、国家悪と戦う。真実の愛国心は、恐怖にかられた弱者の集団化ではない。それは勇者の連帯でなければならない。

『種種御振舞御書《しゅじゅおんふるまいごしょ》』

【日蓮のことば】

わづかの小島のぬしらがをどさんををぢては閻魔王《えんまおう》のせめをばいかんがすべき、仏の御使《おんつかひ》となのりながらをくせんは無下《むげ》の人人なり。

【現代語訳】

わずかの小島にすぎない日本の国主等の威嚇《いかく》におじけづくようでは、地獄へ堕《お》ちたときに閻魔王の責めを一体どうするのか。「仏の御使い」と名のりながら、今さら臆病になるのは下劣な人々である。

83

「業《ごう》」と「縁起《えんぎ》」は正義の議論を妨げる

歴史上、仏教において社会正義の議論が発達しなかった理由は、ひとえに「業（行い）」と「縁起」の思想にある。社会的な差別を受けるのは、前世に積んだ自分の悪業の報いと見れば、むしろ平等な現象となる。また、万物が相互依存（縁起）の関係にあるなら、弱者も全体の一部として肯定されよう。かくて業と縁起の法則に人間が支配される限り、社会正義を論じる余地はなくなる。

やはり、仏教では社会正義を無意味と考えるしかないのか。否である。仏教が真に探求したものは、業と縁起の法則ではない。業と縁起からの離脱でもない。業と縁起の束縛から自由な、人間の根源的な主体性である。

これだけはいいたい。業と縁起からの自由を説く仏教者のみが、真正面から正義を議論できる。

『可延定業書《かえんじょうごうしょ》』『一生成仏抄《いっしょうじょうぶつしょう》』

【日蓮のことば】

＊定業《じょうごう》すら能《よ》く能く懺悔《さんげ》すれば必ず消滅す何に況《いわん》や不定業《ふじょうごう》をや（『可延定業書』）。

＊十界三千の依正色心非情草木虚空刹土《えしょうしきしんひじょうそうもくこくうせつど》いづれも除かずちりも残らず一念の心に収めて此の一念の心法界に徧満《へんまん》するを指して万法とは云うなり、此の理《り》を覚知《かくち》するを一心法界《いっしんほっかい》とも云うなるべし（『一生成仏抄』）。

【現代語訳】

＊定まった罪ですら、よくよく懺悔すれば必ず消滅する。いわんや、まだ定まっていない罪が消えないことはない。

＊大宇宙にある環境と主体、物質と精神、感情なき草木、大空と国土、そのどれ一つも排除せず、チリ一つも残さず、すべてを自分の瞬間の心に収め入れ、また、この瞬間の心が宇宙の隅々にまでいきわたっていくのを万法という。この真理がわかることを「一心法界」ともいうのである。

84

正義とは智慧《ちえ》の努力のこと

五人が水に溺《おぼ》れている。そこに、四人乗りの救命ボートがきた。一人だけボートに乗れない。どうすれば、正義に適《かな》うか。この設問は、それ自体、間違っている。なぜ、最初から一人の犠牲を前提にするのか。一つの命の犠牲の上に、公正さを求めて何になるのか。五人を助けるのに、そもそも四人乗りのボートでいくべきではない。一人の犠牲者もださぬよう必死で智慧《ちえ》を尽くす努力が、本当の正義である。悲観的な状況設定は、皆を救う慈悲の心を放棄したに等しい。

『御義口伝《おんぎくでん》』『秋元御書《あきもとごしょ》』

【日蓮のことば】

＊一切衆生《いっさいしゅじょう》の異《い》の苦を受くるは悉《ことごと》く是《こ》れ日蓮一人の苦なるべし（『御義口伝』）。

＊信心のこころ全《まった》ければ平等大慧《びょうどうだいえ》の智水《ちすい》乾く事なし（『秋元御書』）。

【現代語訳】

＊あらゆる生き物のさまざまな苦悩は、ことごとく日蓮一人の苦しみである。

＊信じる心が完全で正しければ、万人を平等に救済する仏の智慧《ちえ》の水を受けて乾くことがない。

85

仏教者はおよそ穏健な保守派

すべての思想は自由自在な真理の現れである。仏教者はそう考えるから、左右の政治イデオロギーから自由である。

といっても、仏教者の政治的態度は穏健な保守派であることが多い。現実を肯定も否定もする中道主義は、漸進的な改革を志向する。また、中道には心の実相（真実の本性）に立ち帰る意味がある。社会変革に際しても、心の変革を第一義とするのが中道主義だ。

穏健な保守の形態をとりながら、人間の心を本来的なあり方に変え、漸進的、自然発生的に社会を変えていく。急進的な政治的信条とは基本的に相容れない。もっとも、仏教者の智慧《ちえ》は自在だから、例外的に急進的な改革や革命を支持する場合もあろう。

『北条時宗《ほうじょうときむね》への御状《ごじょう》』『減劫御書《げんこうごしょ》』

【日蓮のことば】

＊諫臣《かんしん》国に在れば則ち其の国正しく争子《そうし》家に在れば則ち其の家直《なお》し（『北条時宗への御状』）。

＊殷《いん》の代《よ》の濁りて民のわづらいしを大公望出世して殷の紂《ちゅう》が頚《くび》を切りて民のなげきをやめ、二世王が民の口ににがかりし張良《ちょうりょう》出でて代ををさめ民の口をあまくせし、此等は仏法已前《いぜん》なれども教主釈尊《きょうしゅしゃくそん》の御使《おんつかい》として民をたすけしなり（『減劫御書』）。

【現代語訳】

＊政治指導者を諫《いさ》める者がいれば国は正しく、親を諫める孝子《こうし》がいれば家はおかしくならない。

＊古代中国の殷が乱れて民衆が苦しんだとき、大公望が世にでて殷の紂王の頚を切り、民の嘆きを止めた。また、秦の第二代皇帝が民衆の生活を苦しめたときは、張良がでて世の中を治め、民の生活を豊かにした。これらは仏教が中国に渡る前の話であるが、じつは救済者・釈迦仏の使いとして民衆を助けたのである。

86

仏教の政治哲学は フィクションを用いない

国家ができる前、いわゆる「自然状態」において、人間は皆平等であった――。そういう仮定の下で、政治権力の発生を説明することがある。現実には、動物や虫の世界にも階級があり、ボスや女王がいる。自然状態の平等論は、封建的な政治体制を人民主権的に再構成するためのフィクションにすぎない。

けれども、それは「人間は本質的に平等である」という、われわれの直観と符合するから、架空であっても説得力を持つ。仏教は、この直観自体を「空」や「中道」の思想として確立した。『法華経』の哲学では、さらに十界《じっかい》（十種の生命）・十如是《じゅうにょぜ》（十の存在のあり方）・一念三千《いちねんさんぜん》（瞬間の心に全世界が収まること）の理論を展開し、万人の平等を主張している。

したがって、仏教の政治哲学者ならば、自然状態のフィクションなど借りずに、人民主権の体制を理論化できるだろう。

『三世諸仏総勘文教相廃立《さんぜしょぶつそうかんもんきょうそうはいりゅう》』

【日蓮のことば】

法華経に云く「如是相《にょぜそう》（一切衆生《いっさいしゅじょう》の相好本覚《そうごうほんがく》の応身如来《おうじんにょらい》）如是性《にょぜしょう》（一切衆生の心性本《しんしょうほん》覚《がく》の報身如来《ほうしんにょらい》）如是体《にょぜたい》（一切衆生の身体本覚《しんたいほんがく》の法身如来《ほっしんにょらい》）」此の三如是より後の七如是出生して合して十如是と成れるなり、此の十如是は十法界なり、此の十法界は一人の心より出で八万四千の法門と成るなり、一人を手本として一切衆生平等なること是くの如し。

【現代語訳】

『法華経』方便品《ほうべんぼん》に説かれる十の存在のあり方のうち、存在の姿・性分・本体を意味する三如是は、そのまま仏の振舞い・智慧《ちえ》・本質である。この三如是から残りの七如是——力・作用・原因・条件・結果・影響・統一——が生じて十如是となる、そして、これら十如是を地獄から仏までの十種の生命各々が具《そな》えている。十種の生命は一人の心からでて八万四千の教えとなる。今、一人の仏を手本に説明したが、これはすべての人々に平等にあてはまる。

第十章

自由になる

87

自由とは楽しさである

自由とは楽しさである。人間は、自由なものとして生まれた――これは、われわれが楽しむために生まれてきた、という意味である。楽しさという自由には、行動の自由と違って限界がない。目が見えなくても、歩けなくても、金がなくとも、楽しむことはできる。

ただ、「楽しむ力」をどこで得るか。これが問題である。本来、われわれの心は、自由自在に楽しむ力そのものである。ところが、誰も、それほど自在な力が自分のなかにあるとは信じない。何かあると、すぐに不自由さを感じ、苦しんでしまう。

すべてを自由自在に楽しむ心を信ぜよ。仏はそれを教えたのである。

『四条金吾殿御返事《しじょうきんごどのおへんじ》』

【日蓮のことば】

苦をば苦とさとり楽をば楽とひらき苦楽ともに思い合せて南無妙法蓮華経とうちとなへゐさせ給へ、これあに自受法楽《じじゅほうらく》にあらずや。

【現代語訳】

苦を苦と悟り、楽を楽と開き、苦しくても楽しくても南無妙法蓮華経と唱え切っていきなさい。これこそ仏の自由を楽しむことではないか。

88

自由自在だから すべてを生かせる

仏とは完全に自由な人間である。何ものにもとらわれず、自由自在。こう聞くと、「自由自在では、やりたい放題になる」と苦言を呈する人もいよう。それは誤解である。

自由自在な人は、何一つこだわりがない。だから、「えこひいき」がなく、何かを「ダメだ」と決めつけることもない。すべてを平等に尊重し、すべてを生かそうとする。また、不自由を避けたいとのこだわりもないから、ごく自然に譲り合いや分かち合いの心を持っている。

自由自在な人は、世にいう自由人とは違う。自由自在はすべてを生かし、単なる自由は自分だけを生かす。

『三世諸仏総勘文教相廃立《さんぜしょぶつそうかんもんきょうそうはいりゅう》』

【日蓮のことば】

自《じ》在《ざい》神《じん》通《ずう》の慈悲の力を施し広く衆生を利益すること滞り有る可からず。

【現代語訳】

仏になった人は、自由自在で不思議な慈悲の力を他に施し、広く人々を利益して滞ることがない。

89

自由は独占できない

他人を犠牲にする自由は、じつは不自由である。自由本来の開放性が、そこにはないからだ。他人が苦しむ横で、自分だけが自由の広がりを感じられるわけがない。

自由は、灯《ともしび》のような性質を持っている。暗闇のなかで、自分のために灯をともせば、周囲の人の目の前も明るくなる。周囲の人のために灯をつけても、自分の顔が灯に照らされる。

暗闇の灯を独占できる人はいない。同じように、自由も皆と一緒にしか味わえない。

『食物三徳御書《しょくもつさんとくごしょ》』

【日蓮のことば】

人に物をほどこせば我が身のたすけとなる、譬《たと》へば人のために火をともせば我がまへあきらかなるがごとし。


【現代語訳】

人に物を施せばわが身を助けることになる。たとえば、人のために火を灯してあげれば、自分も目の前が明るくなるようなものだ。

90

中道の自由が最も永続する

物質的な自由にも偏《かたよ》らず、精神的な自由にもこだわらず。
自由と不自由の対立を超え、柔らかな自由に生きている。
自分の自由と他人の自由が衝突することもない。
また、衝突しても不思議に調和を離れない。
真に柔らかな自由だから、頑《かたく》なに弱者の権利を主張することもある。
そんな中道の自由を得た人々の社会が、最も永続的に繁栄するだろう。

『千日尼御前御返事《せんにちあまごぜごへんじ》』『法華初心成仏抄《ほっけしょしんじょうぶつしょう》』

【日蓮のことば】

＊我等は穢土《えど》に候へども心は霊山に住べし（『千日尼御前御返事』）。

＊法華経を以て国土を祈らば上一人より下万民に至るまで悉《ことごと》く悦び栄へ給うべき鎮護国家《ちんごこっか》の大白法《だいびゃくほう》なり（『法華初心成仏抄』）。

【現代語訳】

＊われらは欲望のくびきに縛られた社会にいるが、心は自由な悟りの世界に住んでいる。

＊『法華経』によって国土の安穏を祈るならば、支配者から民衆に至るまで、一人残らず喜び栄えていく。まさに国を護《まも》る大真理である。

91

「自由か、それとも平等か」は学者の空論

自由を認めると不平等になり、平等をはかれば自由がなくなる。自由と平等のジレンマは、どうしようもない。われわれは、どちらを優先すべきか。

こうした議論は、要するに学者の空論にすぎない。「自由か、平等か」の二者択一は、物事の「結果」を重んじる観察者の見方である。ところが、現実の人間は動いていて、「結果」よりもむしろ「原因」の世界にいる。「これからどうしようか」と考えて生きているから、物事を簡単に決めつけない。自由も平等も、どちらも大事。どちらも捨てたくない。これが生きた人間であろう。

自由と平等を調和させるには、生きた人間の「原因」の世界から離れないことである。

『御義口伝《おんぎくでん》』

【日蓮のことば】

一念に億劫《おくごう》の辛労《しんろう》を尽せば本来無作《むさ》の三身《さんじん》念念に起るなり所謂《いわゆる》南無妙法蓮華経は精進行《しょうじんぎょう》なり。


【現代語訳】

心に労苦の限りを尽くせば、本来持っている無限の可能性が瞬間瞬間に現れてくる。要するに、悟りとは一心不乱の努力のなかにある。

92

「差別を生かすことの平等」に目覚めよ

差別をなくすことが平等なら、差別を生む自由と対立するしかない。自由が叫ばれたり、平等が訴えられたり、と落ち着かない社会になるのも当然だ。

いったい、自由と対立しない平等、差別と調和する平等はないものか。あるといおう。それは、誰にでも差別を生かし、差別を楽しむ権利が平等にある、ということだ。皆が千差万別の生活に満足するような状態。すなわち「差別を生かすことの平等」である。

差別をなくそうとしたり、差別と平等を無理に同一視したりするのは、どちらも「差別を生かすことの平等」を知らないからだ。「差別を生かすことの平等」は、自然な形で多様性の調和を生みだす。また、人々が差別を平等に生かすには、一定の権利の保障も必要となろう。そのような社会は、すぐれて健全であるに違いない。

『法華経《ほけきょう》』薬草喩品《やくそうゆほん》、天台智顗《てんだいちぎ》『法華文句《ほっけもんぐ》』

【『法華経』と天台のことば】

＊仏の説く所の法は譬《たと》えば大雲《だいうん》の一味《いちみ》の雨をもって人の華を潤して各、実《み》を成《じょう》ずることを得せしむるが如《ごと》し（『法華経』）。

＊差別は即ち無差別、無差別は即ち差別なるを、如来亦能《またよ》く知りたまふ（『法華文句』）。

【現代語訳】

＊悟りの人の教え方は、たとえていうなら、大きな雲から平等に地に降りそそぐ雨によって人間という華を潤し、それぞれに個性豊かな実をつけさせるようなものである。

＊差別がすなわち平等であり、平等がすなわち差別であることを、真理の人はよく知っている。

93

愛の連帯から差別の連帯へ

平等はいいことだ。そして、平等な社会になればなるほど、宗教が必要になってくる。平等な一人一人は、それぞれに自立している。自立には、けれども人々を孤立させる面があろう。だから、人と人とを連帯させる宗教が重要になる。

神の前の平等を唱える宗教は、愛の連帯を説く。しかし、それだけではまだ弱い。差別の連帯がないからだ。差別だけが、互いに足らざるを補うという形で人々を現実に結びつける。

愛の連帯に加えて差別の連帯をも説けるのは、自由自在の智慧《ちえ》に立ち、差別に即した平等を唱える宗教、すなわち仏教しかないだろう。

『異体同心事《いたいどうしんじ》』

【日蓮のことば】
異体同心なれば万事を成《じょう》じ、同体異心なれば諸事叶《かな》ふ事なし。

【現代語訳】
身体が異なって心が一つであればすべては成功し、身体だけ一体化して心が別々ならば何事も叶わない。

94

仏教は人権の主体を限定しない

仏教の人権観は、個人主義的な「わたし」の人権思想と同じか、違うか。

仏教でも、自分は自分、他人は他人、と区別する。だから、「わたし」の人権を認める。しかし同時に、仏教では、自分は他人であり、他人は自分である、とも考える。自分と他人は二であって、しかも二ではない。この「二而不二《ににふに》（二つのまま一つ）」の立場からは、「わたし」の人権とともに「われわれ」の人権も導かれよう。

それだけではない。仏法で説く生命の主体性は自由自在である。私であったり、友人であったり、海を渡る鳥であったり、青々とした樹木であったり、果ては岩石であったりするのが、生命の主体性なのだ。人権の主体は、かくて動植物や無機物にまで広がる。

つまり、仏教では人権の主体を個人に限定していない。主体は、考えうるすべてに広がる。そこから、個人の権利と集団の権利の関係も、また人間の権利と自然の権利の関係も、根源的には一体と見なすわけである。

『蒙古使御書《もうこつかいごしょ》』

【日蓮のことば】

所詮《しょせん》万法は己心《こしん》に収まりて一塵もかけず九山八海《くせんはっかい》も我が身に備わりて日月《にちがつ》・衆星《しゅうせい》も己心にあり。

【現代語訳】

すべての存在はわが心に収まって、チリ一つも欠けていない。世界中の山や海もわが身に備わり、太陽や月、星々も自分の心に収まっている。

第十一章

平和のために

95

他人に尽くせば自分のためになる

人助けをすると気持ちがいい。人に力を貸すと、自分自身も力をもらえる。何だか晴れ晴れとする。「他人のために自分を犠牲にせよ」はおかしい。「他人に尽くせば自分のためになる」――これが幸せな生活の秘訣《ひけつ》に違いない。

確たる平和のためには、博愛や自己犠牲の理想にも増して、このような生活の哲学が存外重要である。

『崇峻天皇御書《すしゅんてんのうごしょ》』

【日蓮のことば】

一代の肝心は法華経法華経の修行の肝心は不軽品《ふきょうほん》にて候なり、不軽菩薩の人を敬《うやま》いしはいかなる事ぞ教主釈尊《きょうしゅしゃくそん》の出世の本懐は人の振舞にて候けるぞ。

【現代語訳】

釈迦一代の説法の肝心は『法華経』である。そして、『法華経』の修行の肝心は不軽品にある。不軽菩薩が人を敬ったというのは、どういうことか。救済者・釈迦の本当の目的は、人の振舞いを教えることだったのだ。

96

批判から自由になれ

批判とは何か。それは、一つの見解への執着から人を解放する作業である。その意味で、批判は、仏教に説く無執着＝中道の真理に迫るための道具となる。

しかし、見方を変えると、批判は、ある執着に別の執着をぶつけることでもある。批判による執着からの解放が、さらに高次の執着を生む。執着心は怒りをともなう。批判精神に満ちた社会は、だから進歩的ではあるが攻撃的になる。その攻撃性が外に向かうと戦争が起き、内に向かうと人間性の抑圧を招く。

根源的な執着心は、批判によっては打ち破れない。「心の平和」を本当に確立したいなら、批判からの自由という跳躍が必要だ。

『三世諸仏総勘文教相廃立《さんぜしょぶつそうかんもんきょうそうはいりゅう》』

【日蓮のことば】

無分別の法とは一乗の妙法なり善悪を簡《えら》ぶこと無く草木・樹林・山河・大地にも一微塵の中にも互に各十法界の法を具足す。

【現代語訳】

「物事を区別しない」という真理が唯一絶対の妙法である。善も悪も関係なく、草木・樹林・山河・大地にも、または小さなチリ一つにも、互にそれぞれ十種の生命の世界を具《そな》えている。

97

「正義の戦争」をするよりも「戦争の予防」を

他国の軍隊が、正当な理由もなく一方的に攻めてくる。やむなく、自国を護《まも》るために戦う。こうした自衛の戦争は、正義に適《かな》った戦争といわれる。しかし実際は、それぞれの国が、自分に都合よく「自衛」の理屈を立てる。「正義の戦争」など、怪しいものだ。

一番の問題は、避けられない戦争を想定して正義を論じることである。なぜはじめから、避けられない戦争がある、という前提で話をするのか。それでは、かえって戦争を誘発する議論ではないか。われわれは、むしろ戦争を起こさないための正義を論ずべきだ。

『立正安国論《りっしょうあんこくろん》』

【日蓮のことば】

四海万邦《しかいばんぽう》一切の四衆《ししゅ》其の悪に施さず皆此の善に帰せば何《いか》なる難《なん》か並び起り何なる災か競い来らん。

【現代語訳】

天下万民、すべての人々が、真理に背く悪人に協力せず、皆この善人の正義に従うならば、あらゆる災難はすべて止《や》むであろう。

98

戦争の宿命に立ち向かうには

戦争が起きる原因はさまざまだ。政治的、経済的な問題で起きる戦争がある。テロを引き金とする戦争がある。独裁者が暴走して戦争に踏み切ることもあろう。

より根本的に、人間の悪《あ》しき心――憎しみや怒り、貪《むさぼ》りなど――を戦争の真因と考える人もいる。道徳家や宗教家は、おしなべて「心の平和」から反戦平和にアプローチする。世の仏教者も、大半はそうである。

だが、私（日蓮）からみると、これらはどれも戦争の現世的な原因論にすぎない。つまり、われわれが生まれてくる前の原因を探ろうとしない。もし前世というものがあるなら、金を借りた後で必ず返済を求められるように、前世の原因から不可抗力的に戦争が起きることだってあろう。前世の行いの報いで兵隊となり、殺し合いの場である戦場にいかされる人もいるはずだ。

そのように、個々人の未知の因果の集積が戦争だとすれば、「心の平和」を確立する方法よりも「心の平和」を突き崩す宿命的な力こそが問題化されてくる。戦争する宿命の克服は、現世的な反戦行動を根底から支えるという点で、最も重要な意義を担うといってよい。『立正安国論《りっしょうあんこくろん》』

【日蓮のことば】

仁王経《にんのうきょう》に云く「人仏教を壊《やぶ》らば復《ま》た孝子《こうし》無く六親不和《りくしんふわ》にして天竜も祐《たす》けず疾疫悪《しつえきあっ》鬼《き》日に来つて侵害し災怪首尾《さいげしゅび》し連禍縦横《れんかじゅうおう》し死して地獄餓鬼畜生に入らん、若《も》し出て人と為らば兵奴《ひょうぬ》の果報ならん……」と。

【現代語訳】

『仁王経』には「人が仏の教えを破るならば、家庭が乱れて親孝行の子もなく、親子・兄弟・夫婦は互いに不和で、作物は天候に恵まれず、悪病や悪思想によって苦しめられ、異様な事件や災難が絶え間なく起こる。そして死んだ後は、地獄・餓鬼・畜生の三悪道に堕《お》ちるだろう。もし、再び人間に生まれてきたときには、兵隊として戦争に駆り出されたり、奴隷になったりするだろう」などとある。

99

戦場でも反戦の心を貫く

あなたが反戦主義者だとして戦争が起きたとしよう。あなたが兵役を拒めば、代わりに誰かが戦場にいく。兵役拒否者と出征者は運命共同体。だから、本当は個人的な兵役拒否など成り立たない。

そこで、あなたは戦場で反戦の信念を貫こうとする。日夜、「殺されず、殺しませんように」と天に祈る。上官が命令すれば銃を執《と》るしかない。それでも、あなたの心は殺し合う運命《カルマ》を拒否した。宇宙の無数なる平和の心と一つになった。全宇宙の平和の力があなたを護《まも》るだろう。

心の力を信じ切るのが、戦場での反戦である。

『法華経《ほけきょう》』観世音菩薩普門品《かんぜおんぼさつふもんぽん》、『立正安国論《りっしょうあんこくろん》』

【『法華経』と日蓮のことば】

＊若《も》し復《また》、人有りて当《まさ》に害せらるべきに臨《のぞ》みて、観世音菩薩の名を称《とな》えば、彼の執る所の刀杖は、尋《にわか》に段段に壊《お》れて、解脱《まぬが》るることを得ん（『法華経』）。

＊刀杖《とうじょう》を持《じ》すと雖《いえど》も命を断ずべからず（『立正安国論』＊『涅槃経』からの引用）。

【現代語訳】

＊また、もし人に殺されそうになったときに観音菩薩の名号《みょうごう》を唱えるならば、殺意の者が振り上げた刀や杖が突然、次々と壊れ、難を免れることができるだろう。

＊刀や杖を持っていても人の命を断ってはならない。

100

教育と対話こそ真の非暴力となる

暴力に対して暴力で立ち向かう限り、人類は「憎しみの連鎖」から逃れられない。ならば、非暴力の抵抗はどうか。抗議の断食、大衆を巻き込んだ示威行動――平和を願うゆえの非暴力闘争が、世の中には多々ある。真に効果的なら、それらも巧みな智慧《ちえ》といえよう。だが、平和への王道とは思えない。

反戦の断食が長引くと、戦争当事者や暴力を振るう者への社会的非難が強まる。すると、非難された者たちは精神的に追いつめられる。いわば精神的な暴力で物理的な暴力に対抗するわけだが、暴力主義者が良心に目覚めないから、永続的な平和は期待できない。「憎しみの連鎖」は依然くすぶり続けるだろう。

そこから抜けだすには、やはり悪人を改心させるしかない。教育や対話こそ真正の非暴力なのだ。その究極は宗教的感化による回心である。古代インドのアショーカ王が回心して善政をしいたように、それは長く崩れぬ平和をもたらしてくれる。

『法華初心成仏抄《ほっけしょしんじょうぶつしょう》』

【日蓮のことば】

阿闍世《あじゃせ》王・阿育《あそか》大王は始めは悪王なりしかども耆婆《ぎば》大臣の語を用ひ夜叉《やしゃ》尊者を信じ給いて後にこそ賢王の名をば留め給いしか。


【現代語訳】

古代インドのアジャセ王やアショーカ大王は、初めは残虐な悪王であったが、アジャセは名医の耆婆大臣の意見を用い、アショーカは僧の夜叉尊者を信じ、ともに悔《く》い改めて仏教に帰依《きえ》した。そのおかげで、後には「賢王」という名声を残したのである。

著者紹介

松岡幹夫（まつおか・みきお）

1962年長崎県生まれ。東京大学大学院総合文化研究科・博士課程修了。群馬大学非常勤講師を経て、現在、東日本国際大学教授。同大学東洋思想研究所所長。学術博士。主書に『日蓮仏教の社会思想的展開』（東京大学出版会）『現代思想としての日蓮』（長崎出版）『法華経の社会哲学』（論創社）がある。

超訳《ちょうやく》 日蓮《にちれん》のことば

2013年 4月 2日　第1刷発行
2015年12月20日　第2刷発行

著　者　松岡幹夫
発行者　富澤凡子
発行所　柏書房株式会社
東京都文京区本郷2-15-13（〒113-0033）
電話（03）3830-1891［営業］
（03）3830-1894［編集］
装　丁　桂川　潤
DTP　ハッシィ
印　刷　萩原印刷株式会社
製　本　小高製本工業株式会社

ISBN978-4-7601-4232-3